Norbert Dähne

Die persönliche Informationsverarbeitung

D1620189

Mit freundlichen Grüßen
Norbert Dähne

Norbert Dähne

Die persönliche Informations- verarbeitung

Wie Sie den PC zur eigenen Lebensgestaltung nutzen können

Die Deutsche Bibliothek – CIP-Einheitsaufnahme

Die persönliche Informationsverarbeitung : wie Sie den PC
zur eigenen Lebensgestaltung nutzen können /
Norbert Dähne . – Wiesbaden : Gabler, 1995
  ISBN 3-409-18842-8
NE: Dähne, Norbert

Der Gabler Verlag ist ein Unternehmen
der Bertelsmann Fachinformation.
Betriebswirtschaftlicher Verlag Dr. Th. Gabler GmbH, Wiesbaden 1995
Chefredaktion: Dr. Andreas Lukas

Druck und Verarbeitung: Wilhelm & Adam, Heusenstamm

Printed in Germany
ISBN 3-409-18842-8

Für wen wurde
das Buch geschrieben?

Mit dem Computer arbeiten heute Büroangestellte und Sachbearbeiter, Texter und Graphiker, Konstrukteure und Ingenieure, Organisatoren und Technokraten, Wissenschaftlicher, Know-how-Vermittler und Lernende. Mindestens für diese Personengruppen ist das Buch geschrieben, um Hilfen für die tägliche Arbeit zu geben.

Es gab und gibt die Yuppies (young urban professionals), die Muppies (middle-aged urban professionals) und die Traffies (technologicaly advanced families). Es gibt Computer-Freaks, Programmierer und Informatiker. Für alle diese Personen soll die Lektüre des Buches eine Ausweitung ihres Weltbildes vermitteln.

Es gibt die Manager, die Informationen als Basis Ihres Tuns und Handelns brauchen, umsetzen und weitergeben – was hoffentlich mit einem eigenen Mehrwert verbunden ist und nicht, wie einige sagen, als Durchlauferhitzer geschieht. Die Manager werden Anregungen für ihre eigenen Visionen zur Informationsversorgung und PC-Nutzung erhalten.

Es gibt die Jungen, die damit beginnen, Informationen und Erfahrungen zu sammeln, und die Alten, die ihre Neugierde nach moderner Technologie bewahrt haben. Sie werden lesen, wie das Leben und die Computerei sinnvoll zu verbinden sind.

Es gibt die vielen Erwachsenen, die noch keinen Computer besitzen oder ein Gerät ungenutzt in der Ecke stehen haben. Ihnen soll die Angst vor dem Gebrauch genommen und sinnvolle Verwendungen aufgezeigt werden.

Und es gibt sie: die vielen Menschen, für die der Personal Computer schon heute ein nützliches Werkzeug im Alltag ist. Ihnen sollte das Buch im besonderen dienen. Zusammenfassend ist es – ein Buch für alle.

Die persönliche computergestützte Informationsverarbeitung wird in Zukunft für uns alle von entscheidender Bedeutung sein. Es gilt daher, sich einmal grundsätzlich und umfassend mit ihr auseinanderzusetzen. Neben den technologischen Möglichkeiten und dem persönlichen Verständnis werden derzeit auch die politischen Rahmenbedingungen für die Informationsgesellschaft diskutiert und geschaffen.

So hat die Europäische Kommission im Juli 1994 ihre Vorstellungen zur Förderung der modernen Informations- und Kommunikationstechnologie nochmals präzisiert. In einem Aktionsplan kündigt sie eine Reihe von Gesetzesinitiativen, Mitteilungen und Diskussionspapieren an, die der Informationsgesellschaft in den Mitgliedsstaaten der EU den Weg bahnen sollen. Wie die FAZ am 20.7.1994 schreibt, sieht es die Kommission als wichtigste Aufgabe an, Politiker, Unternehmer und Bürger von den Vorteilen der Informationsgesellschaft zu überzeugen. Sie werde „zu tiefgreifenden Veränderungen des Alltags und des Freizeitverhaltens führen".

Warum ist der Inhalt so wichtig?

Der Inhalt des Buches ist wichtig, weil jeder den Computer im privaten und beruflichen Bereich gut gebrauchen kann und nutzen sollte! Der Mensch verrichtet immer weniger körperliche Arbeit, aber immer mehr wird Informationsverarbeitung von ihm verlangt. Er sehnt sich nach Informationen und ist beleidigt, wenn sie ihm vorenthalten werden. Er wird erschlagen von der Flut der Informationen und sucht dennoch nach immer neuen Informationsquellen. Information bedeutet für viele Macht und Reichtum, Chance und Sicherheit.

Wenn eines Tages das komplette Wissen der Menschheit für jedermann im direkten Zugriff ist und damit der Besitz von Informationen nichts mehr besonderes darstellt, dann kommt es darauf an, mit dieser neuen Lebensumgebung der freizügigen, umfassenden Informationsversorgung rationell und sinnvoll umzugehen.

Das Buch versucht, eine Brücke zu schlagen zwischen dem Leben, den Informationen und der Technik. Da das Leben eines jeden Menschen von Informationen über ihn und um ihn geprägt ist, gilt es mit modernster Technik, diese Informationen in den Griff zu bekommen. Gefragt ist: die Informatik und der Computer für den persönlichen privaten und beruflichen Gebrauch. Das Buch will jedem einzelnen Orientierungshilfe geben – beim Übergang der Industriegesellschaft in die Informationsgesellschaft!

Die Informationsgesellschaft wird sich zusehends von materiellen Wirtschaftsgütern abwenden und die Information als interessantestes Element empfinden und erschließen. Mit Hilfe der Informationstechnologie werden Dienstleistungen verkauft, Produkte modelliert, virtuelle Realitäten geschaffen. Information werden gesucht, lokalisiert, empfangen, ausgepackt, bereinigt, gespeichert, verarbeitet, angeboten, verkauft, eingepackt und verteilt. Die Infrastrukturen für diese Art des Wirtschaftens sind der Computer und die Telekommunikation. Jeder Mensch, der in dieser Wirtschaft seinen Stellenwert finden und behalten möchte, tut gut daran, sich hierauf einzustellen.

Ist das nicht schon alles vorhanden?

Der Computer für den persönlichen Gebrauch ist der Homecomputer oder der Personalcomputer – das weiß heute jedes Schulkind. Damit ist das Thema doch erledigt – oder? Keineswegs, denn die heutigen PC-Anwendungen sind häufig noch mehr Spielerei als eine effektive Unterstützung der persönlichen Informationsverarbeitung. Es sind Experimente, Einzelanwendungen, Stückwerke oder Kindereien. Was fehlt, ist ein konzeptioneller, ganzheitlicher Ansatz für eine personenorientierte technologiegestützte Informationsversorgung und -verarbeitung. Es muß ein langfristiger Rahmen gefunden werden, der die schnellebigen Angebote des Computermarktes nutzt, einbettet und überlebt.

Die ausgebildeten Informatiker und praktizierenden Informationsverarbeiter aus der Wirtschaft müssen ihre Erfahrungen allen zugänglich machen. Es muß vermieden werden, daß die Entwicklung unserer privaten computergestützten Informationsverarbeitung von der rasanten Technologieentwicklung total beherrscht wird und ungesteuert chaotisch voranschreitet. Wir sollten die Fehler der industriellen Informationsverarbeitung nicht wiederholen.

Gleichzeitig müssen unsere Hochschulen und Institute Informationsforschung betreiben und allgemein verständlich kommunizieren. Wir müssen den Gehalt, die Weichheit und Festigkeit, Vergänglichkeit und Assoziationsfähigkeit von Informationen erforschen. Wir müssen feststellen, was uns glücklich oder ängstlich macht und wieviel Informationen wir überhaupt verkraften. Dieses Buch soll auch hierzu einen bescheidenen Beitrag leisten und zum Nachdenken anregen.

Ist die Zeit reif?

„Am Anfang schien Kollege Computer kühl und berechnend zu sein. Alles andere als ein Spaßvogel jedenfalls. Doch wie sehr hat er sich verändert. Er ist abenteuerlustig, aufregend und unterhaltsam geworden. Kurzum ein Kumpel, den man auch gerne mit nach Hause nimmt." – so steht es in der Broschüre „Ich will nach Hause", die von Microsoft stammt, einem der großen Trendsetter-Unternehmen unserer Zeit.

Die Informationsverarbeitung wird ständig näher an die Menschen herangebracht:

- Die Kinder wachsen mit dem Computer auf und sehen ihn als natürlichen Bestandteil des Lebens.

- Viele Arbeitsplätze in Firmen und Fabriken sind mit Bildschirmen und Tastaturen ausgerüstet.

- Der nächste Innovationsschub mit Multimedia und Datenautobahn steht zur Zeit ins Haus.

- Die Anzahl der PCs in den privaten Haushalten hat mittlerweile einen Durchdringungsgrad erreicht, der die Technologie zum Allgemeingut werden läßt.

- Die Computer- und Software-Industrie hat den Consumer- und Privatmarkt als hochinteressanten Absatzmarkt erkannt und beliefert ihn mit einer Unzahl von Produkten.

- In den Unternehmen wird uns gezeigt, was wir auch im Privatbereich nutzen könnten:
    - geplante und investitionssichere Systementwicklungen,
    - nutzen- und ergebnisorientierte PC-Anwendungen,
    - verteilte Verarbeitungen zwischen Menschen und Maschinen,
    - langfristige redundanzfreie Datenhaltungen,
    - bewußte Entscheidungen für Eigenentwicklungen, gezielter Einkauf von Standardlösungen,
    - sicherer und routinierter Betrieb von DV-Anlagen.

Es ist daher an der Zeit, den Nutzen der Informatik und des Computers für das ganz individuelle, private Leben zu beschreiben und eine Vision des Lebens aufzeigen, in der der Computer eine wesentliche partnerschaftliche und hilfreiche Rolle einnimmt. Beginnen wir also mit der Planung eines persönlichen computergestützten Informationssystems!

Inhalt

Anforderungen durch die persönlichen Anwendungen 55

Systemnutzung 217

Die Persönliche Informationsverarbeitung

Vision – glücklichere Menschen

Sie wollen etwas erreichen. Sie wollen erfolgreicher werden. Sie wollen den PC besser nutzen. Sie wollen eine bessere Informationsversorgung organisieren. Sie wollen Zeit sparen durch den PC-Einsatz. Welches Ziel Sie auch immer mit der Lektüre dieses Buches verbinden – es gibt ein übergeordnetes Ziel für uns alle: Wir wollen glücklich sein. Die gemeinsame Vision und Hoffnung soll daher sein: Der Computer kann zum Glück eines Menschen einen Beitrag leisten.

Viele Faktoren bestimmen das Glück eines Menschen: Gesundheit, Liebe, Familie, Kinder, Geld, Erfolg. Vieles kann nicht durch Computer, Maschinen und Roboter verbessert werden und entzieht sich dem Einfluß der Technik. Aber es gibt auch viele Punkte, wo eine sinnvolle Computerunterstützung einen Beitrag zum Glücklichsein bieten kann.

Einige Beispiele:	**Hilfe durch Computer möglich**
■ Zielerreichung:	ja, z. B. durch Terminplanung
■ Kreatives Schaffen:	ja, z. B. durch Computerwerkzeuge
■ Wissensaufbau:	ja, z. B. durch Trainingsprogramme
■ Geldverdienen:	ja, z. B. durch Programmierarbeit
■ Kontaktpflege:	ja, z. B. durch Adreßdatenbanken
■ Arbeitserleichterung	ja, z. B. durch Textverarbeitung
■ Zeitersparnis:	ja, z. B. durch Tabellenkalkulation
■ Beweissicherung:	ja, z. B. durch Archivierung

Lösungsbeitrag –
das persönliche Informations- und
Support-Anwendungssystem

Um der Vision von ein wenig glücklicheren Menschen mit Hilfe der Technik näher zu kommen, wollen wir uns eine Partnerschaft von Mensch und Computer vorstellen, bei der der Computer seinem Eigentümer alle möglichen Dienste und Arbeiten anbietet und abnimmt. Das Computersystem soll dabei den Namen PISA tragen:

PISA = Persönliches Informations- und Support-Anwendungssystem.

Das PISA-System besteht aus Hard- und Software sowie aus persönlich zugeschnittenen Anwendungen und Datensammlungen. Es ist für die Planung der Zukunft und die Unterstützung der täglichen Arbeit genauso wichtig wie für die Archivierung der Vergangenheit. Es ist ein lebendiges System, das sicher ansatzweise schon heute besteht und immer weiter entwickelt wird.

Mensch mit Computer

Computer mit PISA

PISA =

Persönliches Informations- und

Support-Anwendungssystem

Die persönliche Informationsverarbeitung

Im Zusammenspiel der Informationsverarbeitung im Kopf, auf traditionellen Wegen und mit Computerunterstützung entsteht eine persönliche computerunterstützte Informationsverarbeitung für unser zukünftiges Leben in der Informationsgesellschaft:

1. Wir tun Dinge, um glücklicher zu werden.
2. Vieles davon wird durch die Verarbeitung von Informationen unterstützt.
3. Davon wiederum kann vieles durch einen Computer erledigt werden.

Weg – Planung, Entwicklung und Nutzung des persönlichen Computereinsatzes

In Anlehnung an die Erfahrungen, die mit der Datenverarbeitung in Unternehmen in den letzten Jahrzehnten gesammelt wurden, ist die persönliche Computernutzung stufenweise zu entwickeln und zu verbessern.

Ausgehend von der eigenen Persönlichkeit und Lebensplanung sind die Hilfestellungen, die ein Computer leisten kann, zu untersuchen. Hieraus kann sich die Planung eines PISA-Systems ableiten, so wie sie in diesem Buch besprochen wird. Es sind Anwendungen zu designen, Systemarchitekturen festzulegen sowie Hard- und Software für die persönlichen Belange einzurichten.

Erst nach diesem Verarbeiten wird der Computer seinem Besitzer den erwarteten Nutzen bieten. Voraussetzung ist, daß die nötigen Überzeugungen vorhanden sind. Formulieren wir daher in der Ich-Form:

■ *Ich weiß:* Der Personal-Computer wird sich in wenigen Jahren zu einer nicht mehr wegzudenkenden Homestation ent

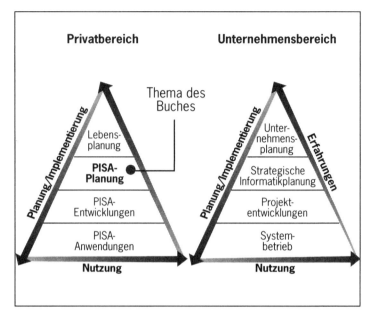

Von der Planung zur Nutzung

wickeln, einer zentralen Informationsdrehscheibe und multifunktionalen Kommunikationplattform.

■ *Ich glaube:* Der Computer kann – wenn er richtig genutzt wird – einen Beitrag dazu leisten, daß wir alle ein wenig glücklicher werden.

■ *Ich fordere:* Die Grundlagen für den Aufbau von privaten computergestützten Informationsverarbeitungssystemen müssen definiert werden, um die Technik sinnvoll zu nutzen.

■ *Ich investiere:* Der Aufbau eines computergestützten Informationssystems bedeutet Investition in Zeit, Geld und Arbeit.

■ *Ich nutze den Computer:* Das Betreiben eines persönlichen computergestützten Informationssystems bringt dem Anwender Nutzen und in einigen Fällen zumindest indirekt den erhofften Zugewinn an Glücksgefühlen.

Mit dieser Grundeinstellung informieren Sie sich in diesem Buch über Fragen wie z. B.:

- Was ist auf dem PC sinnvoll und machbar?
- Was habe ich für eine Ausgangssituation?
- Welche Anforderungen sind persönlich zu stellen?
- Wie können Anforderungen auch realisiert werden?
- Wie hoch ist der Entwicklungsaufwand?
- Was muß man kennen und können?
- Welche technischen Möglichkeiten gibt es?
- Was mache ich besser per Hand oder traditionell?
- Wohin bewegt sich die Technik?

Nicht behandelt werden dagegen Fragen wie z. B.:

- Welches Warenhaus bietet den billigsten Personalcomputer?
- Mit welchem Software-Programm arbeite ich?
- Wie groß und schnell ist meine Festplatte?
- Wer hat das neueste Spielprogramm?
- Wo bekomme ich getestete Shareware-Programme?
- Mit welchem Trick knacke ich einen Kopierschutz?
- Wie kann ich meine Hauptspeicherverwaltung optimieren?
- Wieviele Farben kann mein Bildschirm darstellen?

Für unsere Vision vom glücklichen Menschen und für den Lösungsbeitrag, den unser PISA-System hierzu leisten soll, wollen wir nun folgende Arbeitsschritte durchführen:

■ die Ausgangssituation analysieren,

■ die Anforderungen an die persönliche Informationsverarbeitung ermitteln,

■ ein System für den computerisierbaren Anteil skizzieren und das arbeitsteilige Zusammenspiel von Mensch und Computer beschreiben,

- die Nutzung des Systems im täglichen Gebrauch diskutieren,

- die zukünftigen Trends darstellen.

IST-Situation

Bevor wir uns auf den Weg der PISA-Entwicklung machen, sollten wir ein wenig bei der IST-Situation verweilen, damit wir später sehen, daß wir uns durch unsere Überlegungen und Maßnahmen ein Stück dem Ziel GLÜCK genähert haben.

Eigene Persönlichkeit

Was für ein Mensch bin ich? Diese Frage sollte uns klar sein. Bin ich ein Technologe oder ein Soziologe, bin ich ordnungsliebend oder liebe ich die Unordnung. Bin ich stetig oder unstetig, alt oder jung, neugierig oder verhalten, Kopf- oder Muskelarbeiter.

Professor Haeffner unterteilt die Menschen in seinem Buch „Mensch und Computer im Jahre 2000" in die Berechenbaren, die Unberechenbaren und die Chaoten. Die dritte Kategorie bedarf keines Computers, sie wird eine chaotische Informationsverarbeitung vorziehen, die sich kaum auf einer Maschine abbilden läßt.

Sollten Sie zu den Berechenbaren gehören, so haben Sie sicherlich einige säuberlich geführte Sammlungen wie etwa eine Terminübersicht, ein Telefonverzeichnis, eine Adreßliste, eine Schallplattensammlung, ein Zeitungsarchiv, einen Gehaltsabrechnungs-Ordner, eine Kontoblätter-Mappe, ein Tonbandarchiv. Sie werden auch Funktionalitäten wie Briefe schreiben, Tagebuch führen, Spesen abrechnen, Ein-/Ausgaben überwachen, Protokolle schreiben, Gewicht überwachen in irgend einer Form systematisiert haben und vermutlich mit Hilfe eines PCs erledigen.

Komponenten des Glücks

Was macht mich glücklich – wann bin ich glücklich? Da wir uns in unserer Vision das Glück als Maßeinheit vorgegeben haben, gilt es natürlich aufzulisten, was uns eigentlich glücklich macht:

- das Wohlempfinden im Kreis der Familie,

- ein gesunder durchtrainierter Körper,

- die berufliche Karriere,

- ein geordnetes Umfeld,

- das Lernen, Üben und Ausprobieren,

- das Entdecken neuer Dinge und Weisheiten,

- die Erinnerung an schöne Stunden,

- das Erleben von ungewöhnlichen Situationen,

- die Anerkennung anderer Menschen,

- das Anschauen des eigenen Sparbuches und Kontostandes,

- das eigene Haus, der Garten und das Auto,

- das Hören von Musik, das Sehen eines Filmes und

- die Unterhaltung über interessante Themen.

Markieren und priorisieren Sie diese Ziele, die auch sicher um weitere Punkte individuell zu ergänzen sind.

Heutige Informationsverarbeitung

Die heutige private Informationsverarbeitung und -entwicklung ist – wie im Zeitalter der Informationsverarbeitung nicht anders zu erwarten – vielfältig, komplex, technologiegetrieben, expandierend und einer der Faktoren, die den persönlichen Erfolg in unserem Wirtschaftssystem maßgeblich mitentscheiden kann.

Wie bei allen schnell wachsenden innovativen Technologien wird auch die Computertechnik in einer Art „Try and Error-Verfahren" kennengelernt, eingeführt und nutzbar gemacht. Dies war zunächst in den Firmen mit den Großrechnern der Fall und anschließend auch bei der Markteinführung der PCs zu beobachten.

Es wird mit PCs agiert und im Fehlerfall auch reagiert, es wird gekauft und probiert, es werden Erfahrungen gesammelt und Wissen aufgebaut. Und es wird dann der Zeitpunkt kommen, wo nach dieser Experimentierphase eine Gesamtkonzeption gewünscht wird, wie sie mit diesem Buch skizziert werden soll.

Hardware

In privaten Haushalten ist heute alles zu finden, was zu modernster Informationsverarbeitungtechnik gehört:

■ Fernseh-, Video- und HiFi-Anlagen,

■ Telefon, Fax und BTX,

■ PCs mit Drucker, Farbmonitor, Joysticks, Scanner, CD-ROMs,

■ Laptops, Palmtops, DCAs, Taschenrechner, Diktiergeräte,

■ Tonbänder, Schallplatten, große und kleine Disketten, CDs,

Unterschiedliche Hard- und Software

■ Prozessorgesteuerte Heizungen, Waschmaschinen, Kocher,

■ Scheck-, Kredit-, Telefon-, Mitgliedskarten,

Es werden aber auch herkömmliche (nichtelektronische) Medien und Techniken zur Informationsverarbeitung genutzt:

■ Papier und Bleistift,

■ Schreibmaschinen und Druckereien,

■ Fotoalben, Dias, Filme und gemalte Bilder,

■ Hefte, Notizblöcke, Aktenordner,

■ Briefe und Postkarten,

■ Botengänge und mündliche Informationsübermittlung.

Bei der schnellen Innovation sind leider auch zunehmend Geräte vorhanden, die ausgemustert und durch bessere Geräte ersetzt werden. Es gibt defekte Geräte, die teurer in der Reparatur als in der kompletten Neuanschaffung erscheinen. Es gibt Gerätekomponenten, die angeschafft werden und dann, da sie nicht direkt funktionieren (z. B. wegen Installationsproblemen), unbenutzt herumstehen. Es gibt Speichermedien, die wegen persönlicher Erinnerungen aufgehoben werden, auch wenn die zugehörenden Abspielgeräte längst aus dem Verkehr gezogen wurden (z. B. alte Schellack-Platten oder 5 1/2''-Disketten).

Zusammenfassend können wir die bestehende Hardware-Ausstattung in folgende Kategorien einteilen: technikverliebte, kaum sinnvoll zu nutzende HiTec-Ausstattung, Ausstattung mit genügend Kapazitäten und Möglichkeiten für die Zukunft, angemessene Ausstattung, Ausstattung mit der Notwendigkeit von Verbesserungen, fehlende Ausstattung, die es zu beschaffen gilt, bewußter Verzicht auf technisches Equipment, ausgemustertes Material, das zur Verschrottung bereitsteht. Bei dieser Kategorisierung sind auch Überlegungen sinnvoll, die sich aus folgenden Fragen ergeben:

■ Wie alt ist ein Gerät, wann wird es vermutlich zu einer teuren Reparatur kommen?

■ Welche laufenden Kosten entstehen durch das Gerät (z. B. beim Fax oder BTX)?

■ Wie sehr ist ein Gerät ausgelastet bzw. wie häufig gibt es Engpässe (Telefon, PC, Fernseher von Eltern und Kindern beansprucht)?

■ Welche heutigen Tätigkeiten sollten in Zukunft durch neue Technik unterstützt werden (z. B. Fax in den PC integrieren)?

Es lohnt sich, einmal die eigene Hardware (und zwar nicht nur den PC) aufzulisten, um später für das neue Gesamtkonzept die notwendigen und verfügbaren Komponenten transparent zu haben. Gleichzeitig ist es immer gut, die eigene Hardware genau zu kennen, um z. B. im Falle von notwendigen Reparaturen oder erforderlichem Komponentenaustausch das Fabrikat, den Lieferanten, die Modellreihe, das Baujahr oder sogar die Produktnummer mitteilen zu können.

Die Hardware-Auflistung könnte pro Komponente folgende Inhalte haben:

– Hardware	PC
– Hardwarekomponente	Festplatte
– Lieferant	xyz
– Produzent	xyz
– Technische Kenngrößen	nnn MByte
– Preis	nnnn DM
– Baujahr	jjjj
– Garantie bis	tt.mm.jjjj
– Nutzung/Auslastung	nn Prozent am tt.mm.jj
– Geplante Ersatzbeschaffung	jjjj

Software

Die Software wollen wir in der IST-Aufnahme relativ global betrachten, ohne bereits eine Unterscheidung in verschiedene Ebenen einer Software-Architektur vorzunehmen. Es ist auch nur die
Software des PCs oder Laptops zu untersuchen. Die Programme
in den übrigen Haushaltsgeräten, Prozeßrechnern und Einrich-
tungen sind meist so fest mit der Hardware gekoppelt, daß kaum
Einflußmöglichkeit seitens des Nutzers besteht – außer natürlich
von Tastatur-Eingaben an den jeweiligen Geräten. Die Software-
Auflistung könnte folgende Inhalte haben:

– Software-Kategorie	Betriebssystem
– Software	xxxxx
– Version	nn
– Lizenznummer	nnnnnn
– Lieferant	xxxxxx
– Produzent	xxxxxx
– Notwendige Ressourcen	nnn MByte
– Preis	nnn DM
– Installationszeitpunkt	tt.mm.jjjj
– Ablagenummer des Backups	nnnnn

– Abhängigkeiten   xxxxxx
– Besonderheiten   xxxxxx
– Geplante Ersatzbeschaffung   jjjj

Daten

Dateninhalte

Neben den Programmen sind vor allem die Daten von Wert: Textdokumente, Datenbankinhalte, Rechenblätter, Graphiken. Für die IST-Analyse sollte eine Inventur der Informationen und Daten erstellt werden, die heute gesammelt, bearbeitet, erzeugt und archiviert werden. Es sind dies z. B.: Studien, Briefe, Notizen, Adressen, Telefonverzeichnisse, Präsentationsfolien, amtliche Unterlagen, Kontoauszüge, Seminarunterlagen, Zeitungsartikel, Bedienungsanleitungen, Schulaufsätze und Bücher.

Am besten machen Sie einen Ausdruck der Dateiverzeichnisse Ihrer Computer-Dateien, eine Aufstellung Ihrer Aktenordner und Inhalts-Übersichten über Ihre sonstigen Sammlungen.

Datenstruktur

Wer suchet, der findet! Dies gilt u.a. sehr häufig für Schriftstücke und Dateien, an deren Informationen wir nach längerer Zeit wieder heranwollen. Wo haben wir die Daten und Informationen abgelegt?

Nicht nur beim Suchen, auch bereits beim Ablegen gibt es Probleme. Denn wohl wissend, daß wir später in unterschiedlichen Situationen gezwungen sein könnten, ein Dokument wieder zu finden, machen wir uns durchaus größere Gedanken um sinnvolle Ablageorganisationen. Sollten wir einen Gesamtrechnungsordner anlegen, Rechnungen im Steuerordner abheften oder vielleicht beim entsprechenden Objekt (z. B. einer Immobilie) zuordnen.

Denkbar ist es auch zwei Kopien zu ziehen und dann die Exemplare an den jeweiligen Stellen einzusortieren. Neben dem Suchen im Bedarfsfall und den Vorüberlegungen bei der Anlage neuer Datenordner gibt es sehr viele Aktivitäten des Umsortierens und Neustrukturierens, wenn man wieder einmal merkt, daß die eigene Organisation wohl doch nicht optimal getroffen war.

Am besten ist, daß Sie die heutige Datenstruktur dokumentieren und sich dabei der Stärken und Schwächen Ihrer Organisation bewußt werden.

Archivierungsdauer

Zum Schluß bleibt die Frage, wie lange wird etwas aufgehoben. Eigene Daten und Texte sind oft ein Teil der eigenen Identität und werden daher gerne behalten. Aber was ist mit den vielen weniger wichtigen Aufzeichnungen, Briefen, Notizen und so weiter, die uns im heutigen Informationszeitalter überfluten?

Notieren Sie, was Ihnen zum Thema Aufbewahrungszeiten einfällt, welche Regelungen Sie bisher mit sich selbst bereits getroffen haben, welchen gesetzlichen Verpflichtungen Sie unterliegen und was eigentlich bereits vernichtet oder entrümpelt werden sollte.

Problemfelder

Betrachtet man die gesamte persönliche Informationsverarbeitung, die im eigenen Kopf, im Computer und mit Hilfe anderer Techniken und Geräte abläuft, so fallen einige zentrale Problemfelder auf, die auch in der Datenverarbeitung von Großunternehmen vorhanden sind. Notieren Sie die Punkte, die Sie in Ihrem eigenen Umfeld stören und zu verbessern sind.

Stand alone

Es gibt viele voneinander isolierte Systeme, für die eine Verknüpfung sinnvoll wäre:

- Wir erhalten Faxe per Papier, obwohl wir die Texte viel lieber im Computer hätten.

- Wir erfassen die Buchungen auf einem Bankkonto in unserer
  privaten Finanzabrechnung, obwohl die Bankbewegungen bereits in deren Computer gespeichert sind.

- Wir mühen uns mit der Heizungseinstellung auf dem Steuer-
  pult im Heizungskeller, obwohl unter einer Windows-Ober-
  fläche auf dem Computer dies viel benutzerfreundlicher möglich wäre.

- Das Fernsehen liefert Musik, die sich über die HiFi-Anlage
  wesentlich besser anhören würde – beide sind aber häufig
  nicht miteinander gekoppelt.

- Wir schreiben die Adressen in Briefen immer wieder neu, obwohl sie bereits in einer Adreßdatenbank gespeichert sind.

- Wir lassen Briefpapier und Visitenkarten drucken, obwohl wir
  hierzu auch unseren PC nutzen könnten.

- Der Junior hat einen kleineren Computer, auf dem er teilweise
  die gleichen Programme und Daten gespeichert hat, wie auf
  dem elterlichen PC.

Redundanzen

Es gibt viele Daten, die in der privaten Umgebung mehrfach vorkommen:

- Die Adressen und Telefonnummern sind häufig:
  – in einem Kalender eingetragen, den man mit herumträgt,

31

– auf den Visitenkarten im Karteikasten abgelegt,
– in der Adreßdatenbank auf dem PC gespeichert und
auch noch in einem Register am Telefonapparat vermerkt.

■ Bilder sind:
– im Fotoalbum eingeklebt,
– als Dias vorhanden,
– stehen auf dem Schreibtisch oder
– werden in der Geldbörse mitgeführt.
– In Zukunft sind sie auch noch im PC gespeichert.

■ Termine und Verabredungen werden:
– im Terminkalender eingetragen,
– im PC vermerkt,
– der Sekretärin und Ehefrau mitgeteilt und
– vielleicht auch noch einem Tagebuch anvertraut.

■ Rechnungen und Belege werden:
– in einem dafür vorgesehenen Ordner gesammelt,
– als Belege im Steuerordner aufbewahrt,
– bei den Kontoauszügen gerne als Kopie beigefügt.

■ Texte und Daten werden:
– auf dem PC häufig in verschiedenen Versionen gespeichert,
die nur geringfügig voneinander abweichen,
– auf Papier und in Aktenordnern aufbewahrt.

Portabilität

Die privaten Daten und Informationen sind häufig nicht an dem
Ort, wo sie benötigt werden. Folgendes kommt immer wieder vor:

■ Wenn wir zu Hause sind, haben wir keinen Zugriff auf die Daten im Büro oder das Datennetz unseres Arbeitgebers.

■ Im Büro haben wir keinen Zugriff auf die Termine unseres Ehepartners.

■ Die Stereoanlage im Wohnzimmer liefert Musik, die man gerne im Hobbyraum hören würde, ähnliches kann für Fernsehen, PC und Video gelten.

■ Für den Urlaub müssen Adressen aus dem PC auf einen Notizzettel abgeschrieben werden, um sie für den Versand der Ansichtskarten verfügbar zu haben.

■ Geben wir z. B. Adressen in ein Verwaltungsprogramm ein, so ist nicht gewährleistet, ob bei einem Wechsel hin zu einem anderen Programmpaket die Daten direkt transferierbar sind.

■ Das Telefon, Fax und auch der PC sind in vielen Fällen noch nicht portabel.

Hardwareabhängigkeit

In der sich schnell wandelnden Informations- und Speichertechnologie kommt es zu vielfältigen Abhängigkeiten von der genutzten Hardware. Bei deren Veralten können erhebliche Probleme entstehen:

■ Als die alten großen Tonbänder zunehmend durch Kassetten ersetzt wurden, mußten die Tonbandliebhaber alle ihre Bänder überspielen oder hoffen, daß ihr altes Gerät lange intakt bleibt.

■ Gleiches gilt für die Entwicklung der Tonträger hin zu CDs – mit dem zusätzlichen Nachteil, daß die CDs nicht selbst bespielt werden können.

■ Die ersten PCs hatten noch keine Normung, wie sie heute durch den Quasi-Standard DOS entstanden ist. Die Daten z. B. des legendären APPLE II waren zunächst nur mit Mühe auf die späteren DOS-Maschinen zu transferieren.

■ Adressen, die früher mit viel Liebe in Notizbüchern gesammelt wurden, sind nur durch Abschreiben (in den seltensten

Fällen durch Scannen) in den PC zu bekommen. Da dies einen hohen manuellen Aufwand mit einem möglicherweise nur geringen Nutzen bedeutet, wird es häufig beim alten Zustand belassen mit dem Effekt, daß auf Dauer mehrere hardwaregebundene Adreßbestände entstehen.

■ In Komfort-Telefonen können Telefonnummern gespeichert werden, um sie dann über besondere Tasten schnell wählen zu können. Auch hier sind Hardwareabhängigkeiten und Redundanzen im Spiel.

Gewachsene Anwendungsstrukturen

Ganz allgemein ist jede persönliche Informationsverarbeitung ein gewachsenes System. Wie in einem Evolutionsprozeß haben sich viele gute Funktionen und Eigenschaften entwickelt, die dem persönlichen Bedarf gerecht werden. An vielen Ecken wurden Kompromisse geschlossen und Entscheidungen gefällt, die sich für den Augenblick als positiv darstellen, aber mittel- und langfristig Probleme bereiten.

Im Rahmen einer IST-Analyse oder Situationsaufnahme sind die größten Defizite zu erkennen, um sie bei einer Neukonzeption zu beseitigen. Folgende Schwierigkeiten können sich ergeben:

■ Die Strukturierung der Ablagen und Datenspeicher ist unzweckmäßig bzw. kaum erkennbar. Damit ist ein schneller Zugriff auf Informationen nicht möglich.

■ Die Funktionalität von laufenden Programmpaketen entspricht nicht mehr den heutigen Anforderungen, der Umstellungsaufwand ist aber beträchtlich und es wird daher davor zurückgeschreckt.

■ Es gibt noch viele manuelle Aufzeichnungen, deren Überführung in eine elektronische Speicherung und Verarbeitung zu aufwendig ist. Um einen Medienbruch zu verhindern, wird dann häufig entschieden, das alte Verfahren beizubehalten.

Generelle Anforderungen

Humanitäre Anforderungen

Wenn viele Daten eines Menschen in den Computer wandern, wenn dort mit den Daten gerechnet und gearbeitet wird, dann muß dies eine Hilfe für den Menschen sein. Es darf dabei nicht das Gefühl entstehen, daß der Mensch total im Computer abgebildet ist und er seine eigene Identität und Existenzberechtigung verliert. Der Computer muß im Gesamtsystem der persönlichen Informationsverarbeitung die Rolle des Servers und Dieners übernehmen. Die Zentraleinheit bleibt der Mensch.

Mensch ohne Angst

Das System darf dem Menschen keine Angst einflößen. Das PISA-System sollte daher nicht den Anspruch einer künstlichen Intelligenz erhalten, der der Systembesitzer und -betreiber am Ende nicht gewachsen ist und die sich verselbständigen könnte.

Der Computer wird immer nur eine dumme Maschine sein, auch wenn die Leistungen noch so immens erscheinen. Er wird nur das tun, was die Menschen ihm vorher in Form von Befehlen und Anweisungen aufgetragen haben. Natürlich können an einem Software-Paket hunderte von Programmierern jahrelang gearbeitet haben, um tausende von Code-Zeilen zu schreiben. Entsprechend umfangreich erscheinen dann auch die entsprechenden Computeranwendungen. Aber Intelligenz, wie wir sie gelegentlich zeigen, wird eine Maschine nie besitzen. Auch die künstliche Intelligenz, die jahrelang als eigenständige Disziplin in der Informatik betrieben wurde und teilweise noch wird, hat nie die kommerzielle Bedeutung erlangt, die sich viele Computergläubige erhofft haben.

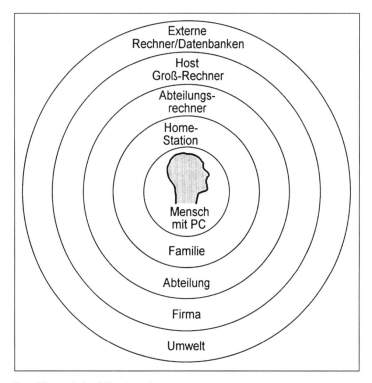

Externe
Rechner/Datenbanken
Host
Groß-Rechner
Abteilungs-
rechner
Home-
Station
Mensch
mit PC
Familie
Abteilung
Firma
Umwelt

Der Mensch im Mittelpunkt

Angst kann auch erzeugt werden, wenn man sich überfordert fühlt oder den Lernaufwand zu hoch einschätzt. Das Informatik-Studium dauert lange, die Freaks sitzen viele Nächte vor dem Bildschirm, die Handbücher sind dick und die Vielfalt beängstigend. Die normalen Anwendungen sind jedoch häufig schneller erlernt als vermutet und der Blick in die Innereien der Technik kann getrost den Spezialisten vorbehalten bleiben. Viele Millionen wurden von den Software-Entwicklern mittlerweile investiert, um die Bedienung der Computer so einfach wie möglich zu machen.

Durch Unwissenheit können wir auch kaum etwas kaputt machen. Die Hardware ist weitgehend stabil und die Standardsoftware millionenfach eingesetzt, getestet und qualitätsgesichert. Die Bedienerführung läßt meist selbst das wilde unkoordinierte Bedienen der Tasten durch experimentierfreudige Kleinkinder zu, ohne daß Programmabstürze oder Datenverluste zu befürchten sind.

Die Kinder haben keine Angst vor dem Computer – nehmen wir uns daran ein Beispiel und lernen wir spielend den Umgang mit dem elektronischen Gehilfen.

Auch unser PISA-System muß so gestaltet werden, daß wir als Computeramateure oder sogar Laien gerne damit arbeiten und nicht wie ein unwissender Tor ängstlich vor dem Gerät stehen.

Sinnvolle Informationsversorgung

Information bedeutet Macht. Daher ist der Mensch heiß auf alle möglichen Informationen und er ist beleidigt, wenn ihm eine Information vorenthalten wird. Wieviel Querelen gibt es allein im Büro, wenn eine wichtige Information nicht vom Chef übermittelt wird, sondern man sie als Gerücht vom Kollegen sozusagen aus zweiter Hand erhält.

Andererseits ist die Informationsflut heute so groß, daß der Mensch sie nicht mehr bewältigen kann. Es ist daher notwendig, daß das persönliche Informationssystem Filter enthält, durch die nur die für den Einzelnen wesentlichen Informationen hindurchkommen. Wenn wir z. B. in Zukunft die Post auf elektronischem Wege erhalten, dann muß einstellbar sein, welche Werbesendungen empfangen und welche abgeblockt werden.

Die Informationsversorgung ist als aktiver und passiver Prozeß zu organisieren. Einerseits stehen uns heute fast alle Informationen dieser Erde zur Verfügung – wir müssen nur selbst aktiv werden und zugreifen. Andererseits werden wir mit Informationen überhäuft – meist um uns zum Kaufen, Verbrauchen oder Arbeiten zu motivieren.

Eine sinnvolle Informationsversorgung sollte daher als Option verstanden werden. Der Computer bietet uns die Chance, daß wir das Handeln selbst bestimmen können und wir uns mit den Informationen versorgen, die wir auch wirklich benötigen.

Sicherheitsgewinn

Jeder Mensch hat seine Geheimnisse. Er braucht seine Intimsphäre. Es muß daher sichergestellt sein, daß auch im PISA-System eine geheime Datenecke reserviert ist, die besonders geschützt ist. Hier können die eigenen Gedanken abgelegt werden, hier können die Liebesbriefe der früheren Partner aufbewahrt werden, hier können die „Nummernkonten bei den Schweizer Banken" gespeichert sein.

Allein dadurch, daß bei den elektronischen Medien nicht (nur) das bedruckte, von jedermann zu lesende Papier als Informationsträger genutzt wird, entsteht ein vordergründiger Schutz.

Insgesamt soll das PISA-System seinem Eigentümer weitere zusätzliche Sicherheiten geben. Ähnlich wie Versicherungen den Menschen vor finanziellen Schäden schützen, sollte das persönliche Informationssystem ihn vor dem Verlust wichtiger Informationen schützen. Gespeicherte Daten sind sicherer als auf einem Schmierzettel aufbewahrte Daten. Im Computer digitalisierte Video-und Ton-Aufnahmen sind störungsfreier gespeichert und leichter weiterzubearbeiten als auf herkömmlichen Bändern. Gespeicherte persönliche Dokumente im feuersicheren Safe sind besser geschützt als im eigenen Arbeitszimmer. Eine im Computer archivierte und indexierte Adresse ist leichter auffindbar, als wenn sie herkömmlich aufgeschrieben und irgendwo aufbewahrt wird.

Schutz- und Sicherheitsaspekte können nicht hoch genug eingeschätzt werden, insbesondere da wir im Vorgriff selbst etwas dafür investieren müssen. Wir müssen uns Gedanken machen über unsere Datensicherheit, unsere eigene Organisation und die Nutzung der vorhandenen Technologie. Sicherheit bedeutet Aufwand und Sichern heißt präventive Maßnahmen ergreifen. Den Erfolg dagegen sehen wir häufig kaum – oder nur als Erfolg bei einer Schadensbegrenzung.

Machen wir uns also die vielfältigen Chancen für Sicherheitsgewinne durch den Computereinsatz bewußt, damit wir dann um so motivierter an die notwendigen Vorbereitungen gehen können.

Zeitersparnis

Zeit, Schnelligkeit, Flexibilität – wer kennt nicht diese Erfolgsfaktoren unseres modernen Lebens. Jeder, der seine knappe Zeit und Energie wirkungsvoll einsetzen will, um in der persönlichen Entwicklung und im Beruf voranzukommen, braucht erfolgreiche Methoden und Werkzeuge, die ihn dabei unterstützen.

Wichtig erscheint, hier bereits festzustellen, daß ohne eine geeignete Methode das beste Werkzeug nicht zum Erfolg führen kann.

Wenn Sie nicht die Grundlagen einer konsequenten Zeitplanung und effektiven Arbeitsmethodik kennen und anwenden, wird auch kein Computer der Welt ihnen Zeit ersparen – im Gegenteil. Sie werden vermutlich sogar zusätzliche Zeit damit verbringen, Ihre schlecht organisierten Termine und Zeitscheiben noch ausführlich im Computer zu dokumentieren.

Das persönliche Informationssystem muß Zeit und Arbeit sparen. Der – im Computerjargon – Output muß größer sein als der Input. Der Aufwand der Dateneingabe muß sich gegenüber dem Nutzen positiv entwickeln. Der einzelne Mensch darf nicht akzeptieren, daß ein Computer ihm mehr Arbeit macht, als ihm hilft. Und er darf ihn nicht mehr reglementieren als zusätzliche Freiheiten geben.

Mehr Zeit für das Wesentliche – müßte eigentlich, in Anlehnung an den Bestseller von Lothar J. Seiwert zum Thema Zeitmanagement, die Forderung an einen sinnvollen Computereinsatz heißen.

Sparringpartner

Vor allem jetzt mit der Multimedia-Technologie und in der Zeit des lebenslangen Lernens erhält eine Computeranwendung eine ganz besondere Bedeutung: das CBT – das computerbased Training. Waren es noch in den 60er Jahren die programmierten Unterweisungen auf Papier, die in den Schulen als neueste Lernmethodik propagiert und erfolgreich angewendet wurden, so steht uns nun mit dem Computer ein elektronischer Sparringpartner besonderer Qualität zur Verfügung.

Die Lernmaterialien sind interaktiv und multimedial. Lerninhalt, -geschwindigkeit und -umfang sind individuell steuerbar. Wir haben einen Privatlehrer, der geduldig, immer verfügbar, gerecht und bisweilen leider auch emotionslos mit uns übt.

Aber neben den großen Herausforderungen im Wissensaufbau, den wir mit am Markt verfügbaren Lernprogrammen abdecken, gibt es noch vielfältige andere Aufgaben in der eigenen Persönlichkeitsentwicklung.

Alle Menschen haben kleinere oder größere Schwächen, über die sie gerne schweigen und die sie gerne abbauen würden. Doch wer soll den persönlichen Coach spielen, der stets warnend den Finger hebt? Wer soll dasein, wenn wir einen brauchen, dem wir unsere Freude oder auch unseren Frust anvertrauen? Wer soll uns unsere Macken transparent machen? Wer soll mit uns trainieren, daß ein bestimmtes unangenehmes Verhaltensmuster endlich verschwindet?

In einigen Fällen kann hier sicher der persönliche Computer helfen. Er kann Statistiken führen, wenn wir z. B. an Über- oder Untergewicht leiden. Er kann Vokabeln mit uns lernen. Er kann uns daran erinnern, daß wir täglich Sport machen wollten. Er kann uns penetranter oder angenehmer munter machen, als ein dummer Wecker. Er kann mit uns die Hausaufgaben nachrechnen. Er kann Trainings-, Sparring- und Spielpartner sein.

Kommunikationsfähigkeit

Im Rahmen der persönlichen Informationsverarbeitung werden Informationen aufgenommen und abgegeben. Es findet Kommunikation statt. Dies kann mündlich, schriftlich, per Telefon oder mit Hilfe noch modernerer Techniken im Rahmen der Telekommunikation erfolgen.

In Zukunft wird es vom Computer aus Kommunikation im häuslichen, kommunalen, nationalen und internationalen Bereich geben. Wir werden jeden, jederzeit und überall erreichen können – sofern auf Empfangsbereitschaft geschaltet ist. Wir werden Personen persönlich kennen, viele aber auch nur per multimedialer Telekommunikation kontakten. Die persönlichen Computersysteme und Unternehmensrechner werden Daten austauschen und der Mensch nur noch beobachtend und kontrollierend mitwirken.

Wie sehr die elektronische Kommunikation nachgefragt ist, zeigt eine Aufstellung der FAZ vom 6.9.94 für Deutschland. Dabei wird es wichtig sein, die zwischenmenschliche Kommunikation und den persönlichen Kontakt möglichst vielfältig zu bewahren – um nicht in dem weltweiten „Globalen Dorf" einsam zu werden.

Sprache und Körpersprache, Ausdruck und Gestik sind die intensivste und direkteste Kommunikation. Zwei Menschen stehen sich gegenüber und tauschen sich aus, ohne daß es technischer Hilfsmittel bedarf. Dabei werden wesentlich mehr Informationen übertragen, als der reine Text beinhaltet. Die Vielzahl der Geschäftsreisen kommt nur zustande, weil man seinen Kunden ganz begreifen möchte, was nur beim direkten Kontakt möglich ist.

Multimediale Kommunikation und Bildtelefon werden gegenüber heute Vorteile bringen, wo wir meist nur per Telefon oder geschriebenem Dokument über eine räumliche Distanz miteinander kommunizieren können. Aber die persönliche Entwicklung wird weiterhin den intensiven direkten Kontakt brauchen.

Medium	Anschlüsse 1993	Anstieg gegenüber 1991
Telefon	37,0 Mio	+ 11 %
Kabel-TV	13,5 Mio	+ 35 %
Funktelefon	1,8 Mio	+ 235 %
Telefax	1,4 Mio	+ 48 %
ISDN-Kanäle	1,2 Mio	+ 320 %
BTX	0,5 Mio	+ 65 %
Cityruf	0,2 Mio	+ 110 %

Aufstellung der FAZ vom 06.09.1994

Vorzeigbares Möbelstück

Da der Computer ein immer integralerer Bestandteil unseres Lebens wird, muß er nicht nur technischen Anforderungen genügen. Das PISA-System sollte den Geschmack und die ganze Persönlichkeit des Besitzers widerspiegeln. Es muß sich harmonisch in seine Wohnwelt einpassen. Das Design muß stimmen. Es muß vorzeigbar sein.

Schon 1983 hat ein Zahnarzt einen PC in einem Mahagoni-Holzgehäuse entworfen und gebaut, weil die Blechkisten ihm nicht gefallen haben. Später waren diese Geräte beliebtes Kauf- und Vorzeigeobjekt in seinem Bekanntenkreis.

Der berühmte Colani hat mittlerweile PCs entdeckt oder ist gebeten worden, ihnen ein schöneres Design zu geben. Als vorzeigbare Möbelstücke müssen PCs bestens präsentiert und mit anderen Einrichtungs- und Gebrauchsgegenständen kombiniert werden können.

Dieses Kombinieren ist heute oft technisch, farblich und räumlich so eingeschränkt, daß von einer annähernd optimalen Lösung nicht gesprochen werden kann. Denken wir nur allein an die Verkabelung unserer Stereoanlage oder unseres PC-Geräteparks.

Basis für eine flexible Gestaltung der kompletten privaten Informations- und Kommunikationsverarbeitung ist, daß die Infrastruktur in den eigenen Räumen vorhanden ist. Insbesondere sind die Häuser und Wohnungen so zu verkabeln, daß Consumer-Elektronik, Computer und deren Peripherie-Geräte überall problemlos angeschlossen werden können. Steckdosen – nicht nur für die Elektrizitätsversorgung, sondern insbesondere für die Informationsversorgung sind daher in jedem Zimmer vorzusehen. Einige Entwicklungen nutzen auch das Stromnetz für die Übertragung von Informationen, um so die fehlende Verkabelung in Privathäusern zu kompensieren (siehe die Babyphone-Geräte).

Archiv

Vieles, was in der persönlichen computerunterstützten Informationsverarbeitung abläuft und als Ergebnis im Computer abgespeichert ist, kann als Archivierung bezeichnet werden.

Typische Archivinhalte sind: Aufzeichnung von wichtigen Ereignissen, dokumentierte Ergebnisse der eigenen Arbeit, Aufzeichnung von wichtigen Kommunikationen, Statistiken und Auswertungen, Kataloge und Inhalte von Sammlungen.

In unserem Computer sollen Daten und Dokumente wiederauffindbar abgelegt sein:

– für die Zeit der Bearbeitung eines Vorganges,
– für gesetzliche Aufbewahrungsfristen,
– solange sie aktuell und gültig sind,
– solange sie persönlich interessant sind,
– lebenslang,
– für die Nachwelt.

In dem langfristigen persönlichen Datenarchiv sind alle Dateien aufzunehmen, die irgendwann im Laufe des eigenen Lebens wieder gebraucht werden können oder die für eine eigene Autobiographie von Interesse sind. Es ist ein Datenpool als Sammlung von Wissen und Ergebnissen, die die eigene Handschrift tragen.

Biographien werden seit Jahrhunderten geschrieben. Sie sind Ausdruck des hohen Bedürfnisses der Menschen, ihre Fakten und Gedanken an die Nachwelt zu übermitteln. Die Autobiographie und ein Teil des persönlichen Datenarchives sollten nach dem Tod fortbestehen.

Preis-/Leistungsverhältnis

Nicht nur bei Unternehmensinvestitionen wird vor jeder Investition gerechnet, ob sich die Geldausgabe und der Zeitaufwand für die Neuanschaffung und den Betrieb einer bestimmten Maschine lohnt.

Implizit wird auch jede Privatperson kritisch prüfen, ob der PC oder eine andere Technik für die Verarbeitung von bestimmten Informationen einen wirklichen Vorteil verspricht. Dabei sind neben dem Kaufpreis von Hard- und Software folgende Faktoren zu berücksichtigen:

- Was braucht man an Zeit, um z. B. den Einsatz des PCs für eine bestimmte Anwendung vorzubereiten?

- Was braucht man an Zeit zum Erlernen des notwendigen Know-hows, wieviel Zeit benötigt die praktische Einübung?

- Wie sicher sind die Daten im PC – kann ich voll auf eine parallele manuelle Ablage verzichten – oder muß ich in Zukunft den doppelten Aufwand betreiben?

- Wie schnell habe ich später die Information im Zugriff? Geht z. B. ein Nachschlagen in einem gedruckten Duden nicht schneller, als einen PC einzuschalten, die CD mit dem elektronisch gespeicherten Duden einzulegen, das Programm aufzurufen und dann den gewünschten Begriff abzufragen?

Die Technik und insbesondere der PC wird nur dort in unserer persönlichen Informationsverarbeitung sinnvoll einzubauen sein, wo sie einen tatsächlichen Nutzen verspricht: weniger Zeit und Geld kostet – und unsere menschliche Bequemlichkeit unterstützt.

Organisatorische Anforderungen

Verfügbarkeit und Lebenserwartung

Das PISA-System muß zunächst natürlich rund um die Uhr verfügbar sein. Auch wenn wir schlafen oder außer Haus sind, sollte es eingeschaltet sein, damit uns andere Personen und Systeme Nachrichten schicken können. Das persönliche Informationssystem soll den Menschen durch sein gesamtes Leben begleiten. Wird das System in diesem Zeitraum zerstört, so gehen dem Menschen wesentliche Informationen verloren, der Schaden kann immens sein. Ähnlich wie bei einem großen Konzern, der ohne seine Datenverarbeitung heute kaum noch lebensfähig ist, sind beim Verlust des persönlichen Informationssystems gravierende Folgen zu befürchten. Auf die Sicherheitsaspekte ist daher ein besonderer Wert zu legen.

Vereinen und Trennen

Da der Mensch gerne Paare bildet, sich verheiratet, aber auch Trennungen vorkommen, muß das System diese Formen des Zusammen- und Auseinandergehens unterstützen. Z. B. muß die Adressendatei, die beide Partner in eine Ehe einbringen, zu einer einzigen Datei zusammengemischt werden. In dieser dann gemeinsamen Datei werden alle neuen gemeinsamen Bekannten aufgenommen. Geht eine Ehe entzwei, müßten – ähnlich wie beim

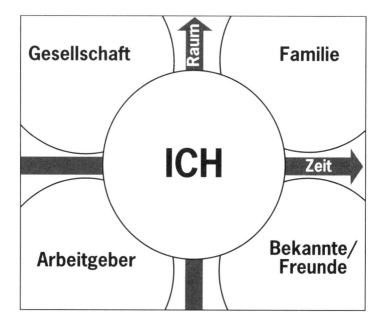

Einbettung in Zeit, Raum und Beziehungen

Hausrat – auch die Informationen im System säuberlich getrennt und den einzelnen Parteien zugeordnet werden können.

Geburt und Tod

Bei der Geburt eines Kindes ist ein neues persönliches Informationssystem einzurichten. Dieses wird sicherlich zunächst auf dem elterlichen Computer geschehen. Geht das Kind aus dem Haus oder ist es in der Lage, die Verwaltung seiner Daten selbst zu übernehmen, so wird sein System zunehmend entkoppelt und autonom. Das Kind bekommt irgendwann einen eigenen Computer, auf den dann seine Daten überspielt werden.

Im Todesfall wird das persönliche Informationssystem sicher eine Hilfe bei der Abwicklung der Formalitäten darstellen, da z. B. ein Testament gespeichert sein müßte. Anschließend ist denkbar, daß einige interessante Daten für die Nachwelt entladen und archiviert werden.

Zusammenspiel von Privat- und Berufsleben

Das PISA-System steht sicherlich mit anderen Systemen in Verbindung – insbesondere mit dem Bürosystem des Unternehmens, in dem wir arbeiten. Bei Selbständigen ist die Verbindung zwischen persönlichem und beruflichem Informationssystem besonders eng. Vermutlich wird sogar nur ein gemeinsamer Computer genutzt. Aber auch bei Angestellten kommt es zu einem intensiven Zusammenspiel.

Früher nahm ein Büroangestellter Akten am Wochenende mit nach Hause, um sie dort durchzuarbeiten. Bereits heute nimmt er eine Diskette mit, um sie in seinen häuslichen Computer einzuspielen. In Zukunft ist es wahrscheinlich, daß jeder jederzeit den Computer des Unternehmens von seiner Wohnung aus anrufen kann. Man wird vom privaten Arbeitszimmer entweder direkt per Telekommunikation im Großrechner arbeiten oder sich zunächst per Leitung die notwendigen Daten in seinen Heimcomputer überspielen, dort arbeiten und am Ende wieder zurücksenden.

Ortsunabhängigkeit

Eine besondere Problematik besteht darin, daß der Computer, trotz aller Bestrebungen ihn kleiner und kleiner zu bekommen, ein Gegenstand ist, den wir nicht immer mit uns herumschleppen wollen. Andererseits fallen Daten und Informationen überall an.

Heute wird im Geschäftsleben zunehmend eine zwei- bis dreistufige Rechnerarchitektur bereitgestellt. Der Manager nimmt einen

Laptop auf Dienstreisen mit und erfaßt seine Daten vor Ort bzw. hat jederzeit die notwendigen Informationen für Verhandlungen in seinem Koffergerät dabei. In der Abteilung sind stationäre Rechner installiert, auf denen die dezentralen Aufgaben einer Abteilung erledigt werden können. Für die Massendaten und die Informationen, die das Gesamtunternehmen braucht, ist in der Zentrale ein weiterer, meist großer Rechner vorhanden, an den alle Subsysteme angeschlossen sein sollten und wo übergreifende Anwendungen ablaufen.

Ähnlich könnte das persönliche Informationssystem organisiert werden. Eine möglichst kleine Rechnereinheit ist immer „am Mann". Sie wird wie eine Scheckkarte oder ein Ausweis mitgeführt. Die Zentraleinheit steht im Arbeitszimmer, wobei ähnlich wie bei Telefonanlagen wahrscheinlich in mehreren Zimmern Anschlüsse und kleinere Einheiten vorhanden sind.

DV-System-Anforderungen

Bedienerfreundlicher Betrieb

Verständlichkeit
Wenn wir Anforderungen an technische Systeme stellen, so ist zunächst immer wieder die Schnittstelle Mensch-Maschine im Mittelpunkt des Interesses. Die sogenannte Benutzeroberfläche ist so komfortabel wie möglich zu gestalten. Auch der Computerlaie oder besser noch der Computergegner muß ohne Probleme Daten eingeben und Informationen abrufen können. Der Bediener ist einerseits zu führen, andererseits sind ihm sämtliche Freiheiten zu geben. Er sollte intuitiv die richtige Bedienung durchführen. Seine Arbeitsweise darf nicht durch Computerabläufe behindert werden, sondern das System sollte sich permanent nach seinen Wünschen richten.

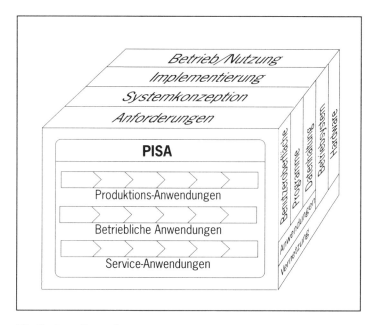

Die Systemdimension

Schnelligkeit

Das System muß schnell sein. Antworten am Bildschirm sollten sofort erscheinen, Wartezeiten unterbrechen die Gedankengänge. Gesuchte Funktionen und Daten sollten sofort zu finden und ansteuerbar sein. Routinearbeiten sollten einmalig und dann nur noch durch den Computer eigenständig erledigt werden. Wartezeiten auf langsame Peripheriegeräte wie Drucker oder CD-Laufwerke sind zu vermeiden. Das Hochfahren des Computers und der Abschaltprozeß sind kurz zu halten. Für Problemfälle sind Hilfstexte und -prozeduren bereitzustellen.

Zur Schnelligkeit wird entscheidend beitragen, inwieweit sich das System auf das Wissen und die Fähigkeiten der Anwender einstellen kann. Dabei sind am besten unterschiedliche Anwenderprofile zu hinterlegen. Ein Anfänger muß mit dem System langsam vertraut gemacht werden, aber auch frühzeitig produktiv arbeiten können. Der Profi darf nicht bei der Arbeit gelangweilt werden.

Eine wichtige Erkenntnis gibt es auch nach 15 Jahren PC-Erfahrung immer noch: Vieles ist schneller per Hand und traditionell gelöst. Die kritische Einschätzung, was schneller ist, sollten Sie sich auf jeden Fall erhalten.

Geringe Aufwände für Inbetriebnahme und Wartung
Neben den Anforderungen, die wir als Anwender an das Werkzeug Computer haben, gibt es einige Aufgaben, die wir zu dessen Inbetriebnahme und Wartung in Kauf nehmen müssen. Bei einem Auto brauchen wir zu dessen Nutzung einen Führerschein, den Kauf- oder Leasingvorgang, eine persönliche Ausstattung, einen geeigneten Abstellraum, Inspektionen und Sicherheitschecks, sowie Pflege und Wartung. Für unser PISA-System müssen wir ein Basis-DV-Know-how haben oder aufbauen, Hard- und Software anschaffen, aufbauen und installieren, Sicherheitsprozeduren konzipieren und durchführen, persönliche Einstellungen vornehmen, Wartungsarbeiten durchführen. All das soll möglichst komfortabel, zeit- und nervensparend ablaufen.

Unabhängigkeit

Für moderne DV-Systeme gelten neben einer hohen Bedienerfreundlichkeit einige weitere interne Standardanforderungen, die auch von dem persönlichen Informationssystem zu erfüllen sind:

Hardware-Unabhängigkeit
Die Software sollte auf möglichst vielen unterschiedlichen Rechnern und Rechnertypen lauffähig sein, insbesondere auf solchen Geräten, die einem gewissen Industriestandard entsprechen wie z. B. Windows-Rechner mit den Processoren 486 oder Pentium. Weiterhin ist ein günstiges Preis-/Leistungsverhältnis zu fordern, damit eine weite Verbreitung dieser Computer gewährleistet ist. Nur wenn viele Menschen diese Geräte besitzen, wird ein guter Händlerservice existieren und nachfolgende Gerätegenerationen

aufwärtskompatibel sein, d.h. die bestehende Software unverändert lauffähig sein.

Unterschiedlichste Hardwarekomponenten und Peripherie-Geräte sollten ins System einbindbar sein, wie z. B. unterschiedliche Drucker, Bildschirme, Scanner, Videogeräte oder Kommunikationsverbindungen.

Unabhängigkeit von Basissoftware
Das persönliche Informationssystem bzw. seine entscheidenden Softwarekomponenten sollten unter verschiedensten Betriebssystemen wie DOS, Windows, OS/2 oder auch UNIX ablauffähig sein. Es sollten unterschiedliche Datenbanksysteme in der Lage sein, die persönlichen Daten zu verwalten. Das Einbinden und Nutzen verschiedener Standardpakete für Textverarbeitung, Graphik oder Tabellenkalkulation sollte möglich sein.

Unabhängigkeit der Daten
Das wichtigste bei der persönlichen Informationsverarbeitung sind die im Laufe des Lebens gesammelten und entstehenden Daten. Diese müssen unabhängig von den jeweils verwendeten Programmen für die Erfassung, Verarbeitung und Ausgabe in allgemeingültigen Formaten gespeichert werden. Beim Austausch der Programme muß gewährleistet sein, daß die Daten weiter verwendet werden können.

Unabhängigkeit von technischem Entwicklungstempo
Günstiges Preis-/Leistungsverhältnis, breite Marktakzeptanz, hoher Bedienerkomfort und guter Händlerservice wurden bereits für unser PISA-System gefordert. Daraus leitet sich unmittelbar ab, daß hier keine Systeme verwendet werden dürfen, die sehr nahe an der technologischen Front sind, die erst kurz auf dem Markt sind oder sich nicht an den gängigen Standards orientieren.

Wenn wir Systemkomponenten und Technologien wie Scanner, digitale Still-Video-Kameras, Farbdrucker oder PC-Netze (derzeit noch) nicht einsetzen, so verzichten wir damit bewußt auf Funktionalität, die heute schon machbar wäre. Aber wir sollten lieber klein und happy, als überdimensioniert und frustriert mit der persönlichen computerunterstützten Informationsverarbeitung verfahren – denn sie soll uns in erster Linie nutzen und nicht unseren technologischen Spieltrieb befriedigen.

Modulares System

Viele der bisher geschilderten Anforderungen setzen die Modularität der einzelnen Systemkomponenten voraus. Das persönliche Informationssystem soll sich zwar dem Anwender als ein geschlossenes Ganzes präsentieren, aber doch so flexibel sein, daß jederzeit einzelne Bestandteile gegen neuere modernere ausgetauscht werden können.

Die Komponeten, ob Hardware- oder Softwareteile, sollten so genormt und einzeln verfügbar sein, daß sie wie in einem Baukastensystem zusammenpassen und zu umfangreicheren PISA-Versionen zusammengebaut werden können. Es ist das so oft geforderte Plug and Play notwendig. Dabei werden neue Komponenten wie Soft- oder Hardwareteile in den Computer eingespielt bzw. angeschlossen und alles läuft sofort, ohne daß irgendwelche weiteren Einstellungen im System vorgenommen werden müssen.

Um die Modularisierung zu gewährleisten, muß eine klare Architektur für das Gesamtsystem konzipiert sein, müssen möglichst viele Standardisierungen und Normierungen genutzt werden und Spielregeln für die Anwendernutzung sowie Weiterentwicklung vorliegen. Erst wenn neue Techniken, Funktionalitäten, Gestaltungen komponentenweise austauschbar bleiben, wird über die Modularität der Teile die notwendige evolutionäre langfristige Weiterentwicklung des Ganzen gesichert.

Systemstabilität

Betriebssicherheit
Das System muß sicher und stabil arbeiten. Auch bei allen denkbaren Fehleingaben dürfen keine Systemabbrüche oder unklaren Situationen für den Anwender entstehen. Es sind nur solche Tech-

niken zu verwenden, die sich auf dem Markt durchgesetzt haben und die bereits von vielen Menschen im Berufsleben angewendet werden. Unausgetestete Programme, unbekannte Daten, fremde Disketten, elektronische Vernetzung bergen immer die Gefahr, das unser System Schaden nimmt. Dies gilt es durch geeignete Maßnahmen zu verhindern und durch eigenes Verhalten nicht unnötig zu provozieren.

Systemdokumentation
Als Nachschlagewerk für das Systemhandling gilt es, eine Systemdokumentation aufzubauen. Diese besteht aus den mitgelieferten Handbüchern sowie zusätzlichen eigenen Aufzeichnungen. Was dokumentiert und verstanden ist, wird immer eine größere Stabilität aufweisen und reproduzierbarer sein, als das, was wir in einem try and error-Verfahren experimentell unüberlegt und unwissend tun.

Sicherungen
Wer, der bereits heute millionenfachen DV-Systementwickler und Anwender hat noch nicht den nervenden Fall erlebt, daß er Daten zu spät gesichert hat und sie verloren gingen. Stromausfall, Festplattendefekte, zerknickte Disketten, Programmabstürze sind nur einige Ereignisse, die zum Datenverlust führen können. Eingeschleuste kriminelle Programm-Module, die unter Namen wie Viren, trojanische Pferde und sonstiges Getier bekannt sind, können großes Unheil in unseren Rechnern anrichten.

In der Industrie gibt es zu diesem Thema die sogenannten Backup-Rechenzentren, die im Notfall die Arbeit übernehmen können. Die Daten werden in vielfältigen, teilweise sehr komplexen und aufwendigen Prozeduren gesichert und aufbewahrt – teilweise sogar in feuerfesten Safes. Ähnliches muß auch für die persönlichen Informationssysteme eingerichtet werden. Insbesondere sind regelmäßige Datensicherungen notwendig, wobei die Sicherungsmedien z. B. Disketten möglichst an einem vom Computer entfernten Ort aufzubewahren sind.

Zugriffsschutz
Datenschutz ist schon heute im Bewußtsein der Menschen von ho-

hem Stellenwert. In der Industrie sind ganze Großprojekte daran gescheitert, daß keine befriedigenden Antworten auf die Fragen zum Datenschutz gegeben wurden. Im Zusammenhang mit dem persönlichen Informationssystem wird dieser Punkt noch weiter aufgewertet.

Die Daten müssen in einem mehrstufigen Verfahren gegen unberechtigten Zugriff gesichert sein. Es gibt Daten nur für die Einzelperson, für die gesamte Familie, für einen definierten Bekanntenkreis, für spezielle Benutzergruppen und für die Öffentlichkeit. Es muß damit gerechnet werden, daß Computerprofis in die Systeme einbrechen und in Ihren intimsten Informationen herumwühlen, um sie anschließend zu Erpressungs- und Manipulationsversuchen zu verwerten. Eine vordergründige einfache Schutzeinrichtung genügt nicht, insbesondere wenn das System über Datenfernverarbeitung angesprochen werden kann. Verfahren wir nicht nach dem Hoffnungsprinzip: Mir wird schon nichts passieren.

Anforderungen durch die persönlichen Anwendungen

Planung / Controlling

Im privaten wie im wirtschaftlichen Bereich werden Ideen kreiert, Pläne geschmiedet und Ziele definiert. Sie können langfristig, mittelfristig oder kurzfristig angestrebt werden. Um die Erreichung und Umsetzung abzusichern, werden Einzelaktivitäten geplant und die Erledigung kontrolliert.

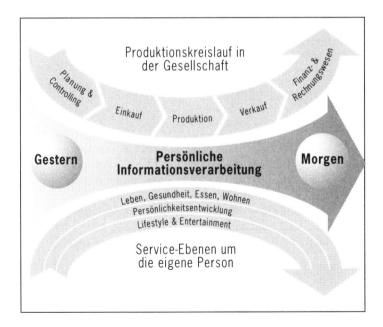

Lebensbereiche

Ist es wirklich so – oder leben wir nur in den Tag hinein? Erfolgreiche Firmen und Menschen haben eine klare Vision, ein Ziel vor Augen. Sie orientieren sich bei vielen ihrer täglichen Aktivitäten an diesem Leitbild. Sie planen und kontrollieren sich. Und sie nutzen ihre Zeit effektiv und effizient – daß heißt, sie tun die richtigen Dinge und tun es richtig.

Unser persönliches Informationsmanagementsystem sollte bestens geeignet sein, unsere Zielfindungs-, Planungs- und Controlling-Prozesse durchzuführen bzw. zu unterstützen. Dabei ist die Rolle des Menschen die des Planenden und Kreativen, während der Computer überwiegend die Administrierung und das Controlling übernimmt. Wir sollten uns stets zur schriftlichen Fixierung der Pläne motivieren – denn was schriftlich formuliert ist, wird in der Regel vorher besser durchdacht, ist später nachvollziehbar und kann als permanente Meßlatte herangezogen werden.

Betrachten wir nun die Planungs- und Controlling-Regelkreise etwas näher.

Zielsetzungen

Vor allen Zielsetzungen und Planungen stehen am Anfang häufig Ideen und Bedürfnisse. Diese können jederzeit in uns geboren werden, sofort wieder verschwinden oder tagelang im Kopf herumschwirren. Ideen sollten in einem Ideenspeicher aufgenommen werden. Wird die Idee durch immer mehr Überlegungen erhärtet, so reift sie heran und wird zu einer Zielsetzung, zu der im nächsten Schritt eine Umsetzungsplanung vorgenommen werden muß.

Natürlich gibt es auch Ziele, die uns von außen vorgegeben werden. Hier ist es notwendig, daß sie uns so überzeugen wie eigene Ziele und Ideen. Denn nur mit innerlicher Akzeptanz, Willenskraft und Motivation werden wir die Vorhaben auch erfolgreich umsetzen.

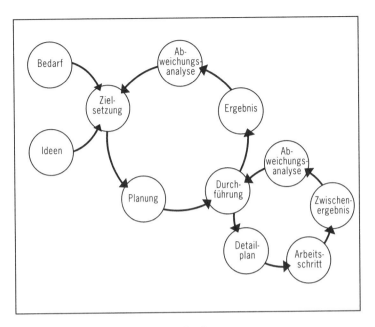

Planungs- und Controlling-Regelkreise

Bei der Zielsetzung sollten wir uns zunächst die Klarheit verschaffen, die die Bearbeitung und Messung der Ziele auch möglich macht. Ausdrücke wie: „Ich will gesünder leben", hören sich zwar gut an, sind aber nicht operabel. Besser ist da schon eine Zielsetzung wie: Ich will jeden morgen 10 Minuten joggen.

Das Prinzip der Schriftlichkeit bewirkt bei der Zielausarbeitung, daß die oft mehr oder weniger vagen Vorstellungen und Wünsche konkretisiert werden. Man setzt sich mit seinen Zielen intensiver auseinander. Schriftliche Ziele prägen sich visuell ein und unterliegen weniger der Gefahr des Vergessens.

Im Rahmen des Zielfindungsprozeß gilt es also: Ideen zu sammeln und zu beobachten, Ziele und Zielvorgaben zu notieren, sie exakt und konkret auszuformulieren. Vom PISA-System sollten hierfür eine Ideen-Datenbank und eine simple Textverarbeitung bereitstehen.

Lösungsszenarien

Bevor wir an die exakte Planung der Zielerreichung gehen, bietet es sich häufig an, den eigenen Standort und die IST-Situation zu bestimmen und dann verschiedene Lösungsszenarien zu analysieren.

Für die Situationsanalyse können hilfreich sein: Checklisten, Erfolgs- und Negativbilanzen, Stärken-/Schwächen-Profile, psychologische Tests, Know-how- und Intelligenztests.

Interessant ist es, sich in diesem Zusammenhang einmal klar zu machen, wieviel Zeit überhaupt zur Verfügung steht. Dies ist besonders für Menschen, die in unserer teilweise hektischen Zeit ein ausgefülltes Leben haben, eine äußerst wichtige Information. Berechnen Sie Ihre persönlichen Zeitbudgets: im erwarteten restlichen Leben, im nächsten Jahr, in der Freizeit einer Woche, bis zu den Ferien, pro Tag. Am besten baut man sich hierfür eine entsprechende Übersicht mit einem Tabellenkalkulationsprogramm auf.

Wenn wir unsere IST-Situation kennen und die Ziele samt konkreten Anforderungen beschrieben haben, gilt es, nach geeigneten Lösungswegen Ausschau zu halten.

Für die Lösungsszenarien werden zunächst vorhandene Produkte, Teilkomponenten, Know-how-Träger, ähnliche Entwicklungs- und Zielsetzungen gesucht. Wir dürfen nicht versuchen, das Rad neu zu erfinden – es wäre vermutlich in der heutigen global informierten Zeit sinnlos und würde bald bemerkt. Es ist aber sehr wohl sinnvoll, aus Vorhandenem neue Lösungen mit einem zusätzlichen Mehrwert zu konstruieren. Für die Beschreibung und Auswahl von möglichen Lösungswegen gibt es nun weitere Hilfen vom System zu fordern:

■ Recherche- und Vernetzungsfunktionen, um bestehende Leistungskomponente und -alternativen zu finden.

■ Editoren, Graphiken und Simulationen, um einen Lösungsweg auszuarbeiten und darzustellen.

■ Ressourcenbedarfsplanungen, Chancen-Risiken-Darstellungen, Kosten-Nutzen-Analysen, Portfolio-Einordnungen und Bewertungen, um eine Lösung genauer zu hinterfragen.

■ Bewertungstabellen und Entscheidungsmatrizen, um sich für einen Weg zu entscheiden.

Am Ende haben wir ein Ziel, das wir auf einem bestimmten Lösungsweg zu erreichen gedenken. Gehen wir nun daran, die Umsetzung zu planen.

Planungsschritte

Am vordringlichsten soll hier die Zeitplanung sein. Für die Finanzplanung, Einkaufs-, Produktions- und Vertriebsplanung wird auf entsprechende nachfolgende Kapitel verwiesen. Zeitplanung will die wirtschaftliche Nutzung des vielleicht kostbarsten Gutes unserer Zeit sicherstellen.

Die zur Verfügung stehende Zeit soll dabei für die wichtigsten und erfolgreichsten Tätigkeiten eingesetzt werden. Die angestrebten und fixierten Ziele sollen gleichzeitig mit einem möglichst geringen Zeitaufwand erreicht werden.

Die wichtigste Einheit einer Zeitplanung ist der Tag. Versuchen wir also die Aufgaben so zu verfeinern, daß sie im Minuten- und Stundenbereich zu erledigen sind. Die gröberen Planungen wie Projekt- und Jahresplanung laufen im Grunde ähnlich ab.

Zunächst einige allgemeine Feststellungen: Ereignisse und Arbeiten können fest terminiert werden oder es kann sich um Aktivitäten handeln, die zu einer beliebigen Zeit durchführbar sind.

Fest terminiert werden meistens Treffen mit Kunden, Freunden und Freundinnen, Meetings im Betrieb. Hierzu führt man in der Regel den Terminkalender, in dem man dafür sorgt, daß Termine nicht vergessen gehen, keine Zeiten doppelt vergeben werden und wichtige Hinweise zu einem Termin notiert werden.

Neben den festen Terminen gibt es Aktivitäten, die irgendwann, meistens allerdings ebenfalls bald oder bis zu einem bestimmten Termin zu erledigen sind, wie etwa das Lesen eines Artikels, der Brief an einen alten Freund oder der Kauf der neuen Sommergarderobe. Häufig werden solche Aktivitäten immer wieder vorgelegt oder mitgeschleppt, bis sie endlich erledigt sind, sich selbst erledigt haben oder überflüssig geworden sind.

Die Stufen der Zeitplanung werden wie folgt zu durchlaufen sein:

■ Die Aufgaben sind zusammenzustellen und ggf. weiter zu zerlegen. Für die einzelnen Tätigkeiten sind kurze exakte Beschreibungen und Zuordnungen zu treffen.

■ Die Dauer der einzelnen Tätigkeiten ist zu schätzen. Später sind die tatsächlich notwendigen Zeiten dagegenzuhalten – als Beitrag für ein lernendes System.

■ Pufferzeit für Unvorhergesehenes ist zu reservieren. Die Tätigkeiten selbst sind, soweit möglich, zu terminieren. Dabei sind gleichartige Tätigkeiten in Blöcken zusammenzufassen, z. B. sind alle Telefonate möglichst hintereinander zu führen.

■ Entscheidungen über Prioritäten, Abhängigkeiten, Delegation und Kürzungen sind zu treffen.

■ Eine Nachkontrolle des Unerledigten ist durchzuführen.

Die oben beschriebene Methodik wird auch als ALPEN-Methode bezeichnet – wegen der Anfangsbuchstaben der Worte Aufgaben, Länge, Puffer, Entscheidung, Nachkontrolle. Die Aufzeichnungen bilden die Basis eines Zeitplanungsbuches oder eines elektronischen Zeitplanungssystemes.

Zusätzliche Aufzeichnungen sollten im Zeitplanungssystem geführt werden über unproduktive Tätigkeiten, die keinen Ergebnisbeitrag brachten, Zeitfresser, die Störungen verursachten, Routine- und Daueraufgaben, Wiedervorlagen, Geburtstags- und Jubiläumsdaten und Veranstaltungstermine.

Für die Bearbeitung der Aktivitäten empfiehlt es sich, einige wichtige Basisinformationen in das Planungssystem zu integrieren oder an dieses anzuschließen, um einen direkten Zugang und entsprechende Aufzeichnungsmöglichkeiten während der Bearbeitung zu erhalten. Diese sind neben dem Kalenderteil: Adressen und Telefonregister, Ideensammlungen, Blanko-Notizblätter, Ziel-Übersichten, persönliche Nummern für Paß, Konto, Karten, usw., Fahrpläne, Kontostände sowie Ein- und Auszahlungen, erledigte Aktivitäten.

Planungsregeln

Bei der Planung gilt es, einige zentrale Regeln zu beachten:

6 W-Regeln der Planung
Was soll getan werden?
Wer soll es tun?
Warum soll er es tun?
Wie soll er es tun?
Womit soll er es tun?
Wann wollen es es tun?

60 : 40 Regelung
Verplane nur 60 Prozent der Zeit! Die restliche Zeit wird durch unerwartetes und ungeplantes gefüllt.

80 : 20 Regel (Pareto-Prinzip)
Arbeite nach dem Pareto-Prinzip – es reicht oft die 80 Prozent-Lösung. Mit den ersten 20 Prozent des Aufwandes erreicht man 80 Prozent des Outputs. Mit 20 Prozent der Kunden wird 80 Prozent des Umsatzes erwirtschaftet. Mit 20 Prozent der Zeit kommt man bereits zu einer 80 Prozent Lösung.

ABC-Analyse
Priorisiere die Aufgaben und erledige sie in der Reihenfolge ihrer Wichtigkeit! Nur etwa 15 Prozent sind sehr wichtig und nicht delegierbar, 20 Prozent sind wichtig, aber schon delegierbar, 65 Prozent sind unbedeutend. Delegierbar sind Routine-Aufgaben,

Spezialistentätigkeiten, Detailfragen, vorbereitende Arbeiten.

Eisenhower-Prinzip
Teile die Aufgaben in dringlich und wichtig ein und erledige sie
in der Reihenfolge:

1. dringlich und wichtig
2. dringlich und weniger wichtig
3. wichtig und weniger dringlich.

Alle Planungsschritte sind durch ein entsprechendes DV-System
bestens zu unterstützen. Alle anfallenden Daten und notwendigen
Informationen sind in der Planungsdatenbank enthalten bzw. zu
verwalten. Hierfür gibt es elektronische Terminkalender, Zeit-
planer, Persönliche Informationsmanagementsysteme (PIMs) oder
auch einfache Tabellenverarbeitungsprogramme.

Dennoch gibt es eine Reihe von immer wiederkehrenden Proble-
men:

■ Terminabsprachen sind vielfältig und kaum 100 prozentig or-
ganisierbar, ohne uns zuviel Spontanität und Kreativität zu
nehmen. Im Betrieb führt die Sekretärin den Terminkalender
des Chefs oder hat zumindest ein Duplikat. In der Familie fragen die Kinder die Mutter, wann der Papi wieder einmal mit
auf den Sportplatz geht oder ein gemeinsamer Einkaufsbum-
mel geplant (terminiert) werden kann.

■ Wir machen selbst Termine aus, bekommen aber auch Termine vorgesetzt. Termine können sich dabei, wenn nicht alle vom gleichen Wissensstand ausgehen, sehr schnell über-
schneiden. Die Beseitigung dieser Terminkonflikte kostet meistens Zeit und Geld, daher ist es wichtig sie von vorneherein
weitgehend zu vermeiden.

■ Termine haben unterschiedliche Priorität. Es muß möglich
sein, unwichtige Termine problemlos gegen einen neuen wich-
tigeren Termin auszutauschen. Betroffene Partner sind dabei
umgehend zu informieren.

■ Termine haben eine Dauer, die sich verändern kann. Wieviele Diskussionen sind schon länger als geplant geführt worden. Wieviele Arbeiten haben sich schwieriger erwiesen, als zunächst angenommen und mehr Zeit benötigt. Folgetermine sind dann gefährdet und müssen gegebenenfalls ganz verschoben werden.

■ Termine werden auch gemacht, wenn wir unser Terminplanungssystem nicht bei uns haben oder gerade nicht bedienen können. Schnell gehen dann die Aktivitäten vergessen und das Chaos beginnt.

Schon an diesen wenigen Beispielen wird klar, daß es äußerst wichtig ist, seine Termine möglichst genau im Griff zu behalten und seine Zeit bestens zu managen. Zu fordern ist auf jeden Fall die Vernetzung verschiedener Terminplanungssysteme, um die Koordination mehrerer Personen zu vereinfachen, um die möglichst permanente mobile Verfügbarkeit, um Termine sofort eintragen und verwalten zu können.

Controlling

Bei der Organisation eines Tages und der Bearbeitung der Aktivitäten sollten wir uns trotz aller Planungen von folgendem Grundsätze leiten lassen: Ich will über meine Arbeit frei verfügen können und nicht umgekehrt!

Um den persönlichen Stil zu finden, gilt es einige Regeln zum optimalen Tagesablauf und zur eigenen Arbeitsorganisation zu finden und diese auch durch das PISA-System zu unterstützen. Die Vorsätze und Regelungen könnten z. B. lauten: Mit Frühsport erst etwas für den Körper tun, beim Frühstück mit der Familie den neuen Tag besprechen, Überprüfung des eigenen Tagesplanes am PISA-System, Zeitplan mit Kollegen oder Sekretärin abstimmen, wichtigste Arbeit sofort in den ersten Stunden im Büro erledigen, Fixtermine auf Wichtigkeit und Teilnahme überprüfen, kleine gleichartige Aufgaben in Serienproduktion erledigen, Zeitfresser notieren und vermeiden, delegierbare Aufgaben weitergeben, Handlungen mit Rückwirkung vermeiden, Pausen zu persönlichen

Gesprächen nutzen, ungeplante impulsive Aktivitäten vermeiden, eine ruhige halbe Stunde zum Nachdenken nehmen, Informationen direkt dauerhaft aufzeichnen, vor dem Aufbruch nach Hause Tagesergebnisse kontrollieren, gegen Abend mit den Kindern die Schule besprechen und spielen, einmal in der Woche Zeit zum Ausgehen mit Freunden einplanen, jedem Tag seinen Höhepunkt geben.

Es ist geschickt, einige persönliche Vorsätze einmal am Tag auf dem Bildschirm einzublenden, um sich daran zu erinnern, bzw. um sich dabei zu motivieren.

Um die eigene Leistungsfähigkeit optimal zu nutzen, wird in einigen Planungsbüchern und -systemen eine Aufzeichnung und Kontrolle der persönlichen Leistungsbereitschaft im Tagesverlauf empfohlen. Bekanntlich ist man z. B. am Morgen konzentrationsfähiger als am frühen Nachmittag. Die innere Uhr und die eigene Leistungskurve soll für eine verbesserte Aufgabenzeitzuordnung genutzt werden.

Andere propagieren, sich am Biorhythmus anzupassen und zu orientieren. Dessen drei Kurven kann man per Programm berechnen und darstellen. Noch exotischer wird es, wenn wir uns mit unserem Tun an den Sternen orientieren. Auch Horoskope könnten per Programm erstellt werden, neuerdings gibt es sogar Programme, die den Sternenhimmel simulieren und darstellen.

Doch denken wir nochmals an unseren Grundsatz: Ich will über meine Arbeit frei verfügen können und nicht umgekehrt! Also planen und kontrollieren wir uns nicht zu Tode! Was gemacht werden sollte, sind Ergebniskontrollen, Ablaufkontrollen, Selbstkontrollen.

Bei der Ergebniskontrolle sind regelmäßig die Jahres-, Monats-, Wochen-, Projekt- und Tagespläne zu prüfen: Was konnte von den vorgenommenen Aufgaben erledigt werden? Welche Ziele und Ergebnisse wurden erreicht? Was blieb unerledigt? Welche Qualität haben meine Ergebnisse?

Definieren Sie hierzu in Ihrer Zeitplanung entsprechende Kontrollpunkte und Meilensteine. Tagesaktivitäten werden am besten direkt mit einem Erledigt-Vermerk gekennzeichnet – aber nicht gelöscht, denn dann sind sie für eine Archivierung oder Protokollierung vernichtet. Größere Ergebnisse können z. B. in Übersichten, Projektstatusberichten und Statistiken eingetragen werden:

■ Die Tageserledigungen werden im Terminkalender abgehakt.

■ Der Jahresumsatz und Gewinn des eigenen Gewerbebetriebes wird in eine Jahresstatistik aufgenommen.

■ Das Richtfest als Meilenstein eines Hausbaues wird in einem Bau-Logbuch vermerkt.

■ Die Zeugnisnoten des schulpflichtigen Kindes werden in einem Notenspiegel eingetragen.

■ Die Jahreshighlights werden in einer persönlichen Biographie beschrieben.

Wir sehen, daß unterschiedlichste Ergebnisaufzeichnungen vorstellbar sind. Machen Sie dies geplant, schriftlich, computergestützt und gespiegelt an Ihren Zielen! Das Controlling ermittelt den Aufwand und Ressourcenverbrauch, den die Zielerreichung und Bearbeitung bedeutet hat. Bei größeren Aufgaben ist es sinnvoll, den Bearbeitungsstand persönlich festzustellen:

– Planaufwand,
– bisher erbrachter Aufwand,
– geschätzter Restaufwand,
– Planabweichung,
– Begründung,
– Verbesserungsideen.

Neben den Ergebnis- und Ablaufkontrollen sollten wir einmal am Tag in uns gehen und im Rahmen unseres Selbstmanagements die persönliche Situation reflektieren. Die Tagesrückschau sollte z. B. folgende Leitfragen aufwerfen:

■ Habe ich heute meiner Umwelt Nutzen gebracht?

■ Habe ich heute etwas für meine eigene Entwicklung getan?

■ Habe ich mich heute um meine Gesundheit gekümmert?

■ Habe ich mich um Familie und Freunde gekümmert?

■ Habe ich Freude und Spaß gehabt?

■ Habe ich Freude und Spaß vermittelt?

■ Habe ich Fehler und Schwächen bemerkt?

■ Bin ich mit dem Tag zufrieden?

Auch hierfür gibt es eine Schnell-Check-Formel: die Handformel

Daumen	=	Denkergebnisse
Zeigefinger	=	Zielerreichung
Mittelfinger	=	Mentalität, Gefühlslage
Ringfinger	=	Ratgeber, Hilfestellung
Kleiner Finger	=	Körper, Kondition

Ob es sinnvoll ist, auch über diese Selbstkontrolle schriftlich Buch zu führen, mag dahingestellt sein. Es ist aber hilfreich, sich eine täglich wiederkehrende Situation zu suchen wie z. B. die Heimfahrt mit dem Auto, um anhand der Handformel den Tag nochmals Revue passieren zu lassen und seine Folgerungen zu ziehen.

Lebensarchiv

Im Rahmen unserer Planungen und Ergebnisbeobachtungen haben wir quasi unseren Lebensweg aufgezeichnet. Unser Leben ist eine Folge von Ereignissen. Unsere Vergangenheit besteht aus Erinnerungen an die verschiedensten Erlebnisse (vergangene Ereignisse) und aus zukünftigen Aktivitäten (geplante Ereignisse).

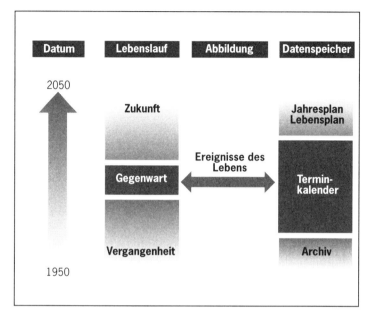

Datum	Lebenslauf	Abbildung	Datenspeicher

2050

Zukunft

Jahresplan
Lebensplan

Gegenwart

Ereignisse des
Lebens

Termin-
kalender

Vergangenheit

Archiv

1950

Abbildung des Lebens im Datenspeicher

Pro Ereignis sollten folgende Angaben geführt werden:

■ Datum und Uhrzeit der Durchführung,

■ Ereignistext und Kurzbeschreibung,

■ Verweis auf Detailbeschreibungen und Zusatzinformationen,

■ bei mehrtätigen Ereignissen auch Endedatum,

■ erwartete Dauer, sofern geplant,

■ tatsächliche Dauer,

■ ursprüngliche Priorität, sofern geplant,

■ zugehörige Zielsetzung, sofern geplant,

■ Ergebnisse,

■ Art des Ereignisses,

■ beteiligte Personen,

■ weitere inidviduelle langfristige Klassifizierungen.

Mit einem guten Zeitplanungssystem und einem weitgehend daraus resultierenden Lebensarchiv ist schon sehr viel von einem persönlichen computergestützten Informationssystem realisiert.

Einkauf

Unter dem Kapitel Einkauf sollen alle Anforderungen an die Beschaffung zusammengetragen werden. Der Einkauf kann sich auf die alltäglichen Dinge des Lebens, größere Anschaffungen und Rohmaterialien für die eigene Leistungserstellung beziehen. Bei Selbständigen, leitenden Angestellten und Unternehmern ist das Einstellen von anderen Personen zu behandeln – eine ganz schwerwiegende Investition und Maßnahme, die sowohl das eigene als auch das Schicksal der eingestellten Person maßgeblich beeinflussen kann.

Das Suchen und die Beschaffung von Informationen, Know-how und speziellem Wissen wird kurz gestreift. Die Anforderungen hierzu sind auch in anderen Kapiteln enthalten.

Investitionen

Hierunter sollen die teuren, weitreichenden Einkäufe wie Immobilien, Autos, Küchen, Computer, HiFi-Anlagen etc. verstanden werden. Diese laufen gewöhnlich in mehreren Phasen ab:

Lieferanten auswählen

Über einen Zugriff auf das vorhandene Wissen im eigenen Kopf, auf das Branchenfernsprechbuch oder ähnliche Informationsquellen werden die möglichen Lieferanten innerhalb des eigenen Einzugsgebietes abgefragt und deren Adresse in das eigene Computersystem übertragen, sofern diese noch nicht vorhanden sind. Anschließend werden die Adressen für eine schriftliche Anfrage an die möglichen Lieferanten benutzt.

Angebote anfordern

Zur Ausschreibung bzw. Angebotseinholung wird ein Standardbrief erstellt oder ein Brief mit ähnlichem Inhalt aus früheren Tagen genutzt. Sollen mehrere Lieferanten angeschrieben werden, so ist eine Serienbrief-Erstellung von Vorteil.

Angebote sichten und bewerten

Die eingehenden Angebote werden in eine Bewertungsmatrix eingegeben, um so den günstigsten Lieferanten zu ermitteln. In Bewertungsmatrizen werden Punkte oder Preise pro Angebot und Bewertungskriterium vergeben und dann zum Vergleich aufsummiert. Es ist bereits in der Ausschreibung darauf zu achten, daß die Angebote vergleichbar zurückkommen. Daher empfiehlt es sich, bereits bei der Ausschreibung bzw. im Anschreiben entsprechende Vorgaben an die Angebotsinhalte und Gliederung zu stellen.

In der Bewertung müssen die Leistungskomponenten und deren Preis, aber auch sonstige Rahmenbedingungen wie Bonität des Anbieters, Empfehlungen, Lieferfristen, Qualität und Flexibilität Berücksichtigung finden.

Es sind sowohl meßbare Größen wie Preise und Volumen zu vergleichen, als auch persönliches Empfinden und Einschätzungen zu berücksichtigen. Dazu ist ein Normierungssystem zu benutzen, welches alle Einflußfaktoren in ein einheitliches Schema z. B. Punktesystem bringt und damit vergleichbar macht. Die Bewertung mit dem vorliegenden Schema kann auch von mehreren Personen mit unterschiedlichen Prioritäten und Einschätzungen vorgenommen werden, um die Entscheidung weiter abzusichern. Es empfiehlt sich z. B. alle betroffenen Familienmitglieder einzubeziehen.

Die Entscheidung über eine größere Investition wird am Ende gut vorbereitet sein – auch mit viel Unterstützung durch das PISA-System. Die Entscheidung selbst ist aber von den Menschen zu treffen und wird immer auch mit Subjektivität und Emotion behaftet sein.

Auftrag übermitteln
Es ist immer besser, einen Auftrag schriftlich zu erteilen. Dabei sollten die eigenen Bedingungen exakt formuliert werden. Dies kann mit einer Textverarbeitung und Musteraufträgen leicht erledigt werden.

Auftrag ausführen
Die Planung der Lieferung und die Abwicklung wird mit Hilfe von Terminkalender, Checklisten, Textverarbeitung und ggf. Elektronik-Banking systemseitig unterstützt.

Lieferung inventarisieren
Eine eingekaufte Ware, die nicht mehr unter die geringwertigen Wirtschaftsgüter fällt, wird im System in einer Inventarliste aufgenommen inkl. Kaufpreis, Lieferdatum, Garantiezeiten etc. Es ist die Basis z. B. zum Ermitteln des Anlagevermögens in unserer persönlichen Finanzbilanz.

Reklamationen durchführen
Wird die Ware nicht geliefert oder nur in fehlerhafter Ausführung, so wird per Brief reklamiert. Auch hierfür sind Textverarbeitung und Musterreklamationsschreiben von Nutzen.

Natürlich können all diese Arbeitsschritte ganz oder teilweise ohne Computerunterstützung erledigt werden. Da es sich aber um größere Investitionen handelt, ist es bestimmt sinnvoll, die Vorgänge schriftlich zu fixieren und zu archivieren – also den PC zu nutzen. Für die Beschleunigung der Einkaufsprozesse wird sich zusätzlich auch das Faxen oder besser noch EDI-Verfahren anbieten. Dabei steht EDI für elektronischen Datenaustausch (electronic data interchange). So können z. B. Versandhausangebote und Urlaubsreisen heute bereits vom heimischen PC aus recherchiert und gebucht werden.

Alltagseinkauf

Wir kommen nun zu den Einkäufen des täglichen Bedarfs. In der Buchhaltung sprechen wir von geringwertigen Wirtschafts-Gütern oder Verbrauchsgütern. Es können hierzu verschiedene Einkaufszettel vorgesehen werden wie etwa Lebensmitteleinkauf, Kleidungseinkauf, Informationseinkauf, Weihnachtseinkauf.

Da der Einkauf für viele Menschen mit einem hohen Erlebniswert verbunden ist, empfiehlt es sich, den Computereinsatz sehr kritisch zu hinterfragen. Während wir Verbrauchsgüter bestimmt in einigen Jahren per Computer zusammenstellen, einkaufen und dann frei Haus geliefert bekommen, wird der Erwerb von Geschenk-, Luxus- oder Jux-Artikeln immer ein besonderes Ereignis bleiben – ein Bummel durch Geschäfte, ein Suchen und Überlegen, sowie die Beratung und Überzeugung durch einen sympatischen Verkäufer.

Um die vorhandenen technischen Möglichkeiten darzustellen, sollen viele Anforderungen für unser PISA-System gesammelt werden, auch wenn wir in der Praxis vieles traditionell erledigen werden.

■ Für den Lebensmitteleinkauf kann eine Lebensmitteldatenbank aufgebaut werden. Diese enthält alle Produkte, kalkulatorischen Einkaufspreise und empfehlenswerten Geschäfte. Vor dem Einkauf werden die fehlenden Waren in einer elektronischen Liste angekreuzt. Daraufhin wird ein Einkaufszettel pro Geschäft mit kalkuliertem Gesamtpreis ausgedruckt. Die Einkaufszettel könnten ausgedruckt oder per Leitung an ein Einkaufszentrum versandt werden, wo die gesammelten Waren zu einem bestimmten Zeitpunkt für uns bereitgestellt oder an uns ausgeliefert werden.

■ Für den Kleidereinkauf wird auf das Warenangebot eines Versandkataloges zurückgegriffen. Dieser ist auf einer CD-ROM gespeichert. Beim Durchschauen auf dem Bildschirm werden die Gegenstände markiert und damit in einen elektronischen Warenkorb gelegt. In Fotomontagen wird geprüft, wie unser Körperbau und Gesicht zu Muster, Farbe und Schnitt eines

ausgewählten Kleidungsstückes passen. Am Ende wird alles
nochmals geprüft, ggf. auch einige Waren ausgetauscht, dann
mit Name, Adresse und Bankverbindung versehen und elektronisch bestellt.

■ Beim Einkauf von Software und von sonstigen Informationen
kann noch ein Schritt weiter gegangen werden. Nach der Bestellung, die meist in einem Online-System wie BTX oder Compuserve direkt erfolgt, wird die Ware im Gegenzug sofort geliefert. Ein Programm kann aus einer zentralen Datenbank
per File-Transfer auf den eigenen PC kopiert werden. Infor-
mations-Recherchen liefern direkt die gefunden Dokumente.
Und zukünftig bei Verfügbarkeit schnellerer Leitungen werden auch Musik-CDs und Videos online in befriedigender Zeit
abrufbar sein. In Medienkreisen wird seit langem vom Print
on demand, von der individuell zusammengestellten und zu
Hause ausgedruckten Zeitung, und vom Video on demand,
dem individuellen Fernsehprogramm, gesprochen und intensiv an der Entwicklung gearbeitet. Pilotprojekte sind bereits
am Laufen, um Erfahrungen mit dem Verhalten der Anwender zu sammeln.

■ Beim Weihnachtseinkauf sind wir wieder etwas näher am Er-
lebniseinkauf. Wer freut sich nicht, wenn er merkt, der Schen-
kende hat sich für mich Zeit genommen, ist kreativ geworden, hat sich Mühe gegeben. Der PC-Einsatz kann sich hier
auf andere Schwerpunkte konzentrieren: Wir sollten in unserer Personen- und Adress-Datei oder noch besser in unserem Kopf möglichst viel Wissen über die zu Beschenkenden
sammeln. Und wir sollten unsere Ideen basierend auf diesem
Wissen systematisch sammeln, um dann zum Zeitpunkt des
Kaufens genügend Anregungen zu haben.

Führen wir also eine Liste mit Geschenkideen für unsere Freunde, eine Liste der notwendigen Weihnachtskarten und eine
Aufzeichnung, was wir selbst erhalten haben, um uns zu ge-
gebener Zeit angemessen zu revanchieren. Gleichzeitig können wir Teile unserer Geschenke durch den Computer indi-
vidualisieren. Wir können Texte, Grußkarten und Briefe beifü

gen, die mit dem Computer gestaltet werden. Es gibt Möglichkeiten, individuelle Zeitungen, Kalender oder Gedichte rationell mit dem PC zu erarbeiten.

Eine besondere Art des Einkaufens ist das Ausprobieren von Waren, die zur Ansicht angeboten werden. Hier werden meist Termine genannt, bis zu denen die gelieferte Ware getestet werden kann. Es ist hier informationsseitig zweierlei zu organisieren:

- die Bestellung ist als Kopie aufzubewahren,

- der Termin der Abbestellung bzw. Rückgabe ist vorzumerken. Am besten wird der Rückgabetermin in die allgemeine Terminplanung integriert und dort auf Wiedervorlage gelegt.

Haben wir an dieser Stelle ein gut funktionierendes PISA-System zur Verfügung, so können wir vielfältige Vorteile aus diesen Warentests und Probe-Ansichten ziehen.

Die obigen Anregungen mögen genügen, um die Vielfalt der individuellen Einkaufsgestaltung unter Nutzung von Computern anzureißen. Die individuellen Anforderungen hieraus gilt es im PISA-System umzusetzen.

Personal-Einstellung

Für die Einstellung von Personen betrachten wir wieder einmal den Weg, der sich in Firmen etabliert hat. Wie zu fast allen betrieblichen Prozessen gibt es hierzu unterstützende DV-Systeme. Einzelne Komponenten können wir sicher auch im persönlichen Bereich nutzen. Folgende Funktionalitäten sind abzudecken:

- Ausschreibung von Stellen in Form von Briefen, Aushängen, Anzeigen,

- Sammeln von Bewerbungsunterlagen,

- Vergleich von Bewerbungen und Interviewergebnissen,

- Benachrichtigungen, Absagen, Einladungen,

- Vertragsentwurf und Abschluß.

Eine Beschaffung von personellen Ressourcen besteht im Privat-bereich vor allem in der Anstellung von Hilfspersonal wie Steu-erberater, Raumpfleger, Babysitter oder Nachhilfslehrer. Häufig werden bei Mitarbeit z. B. der Ehepartner im eigenen Betrieb und aus steuerlichen Gründen Ehegatten-Verträge geschlossen. Wir sollten entsprechende Musterverträge selbst entwerfen oder in unser System einspielen.

Wissen über Personalsuche, Personalführung, Betriebsratsbetei-ligung, Headhunter, Kandidaten, Gehaltsstrukturen, Tests und in-teressante Personen, die für eine spätere Zusammenarbeit im Au-ge zu behalten sind, ist zu sammeln, im PC zu verwalten und im Bedarfsfall effizient zu nutzen.

Produktion

Unter der Produktion wollen wir alle Aufgaben zusammenfassen, bei der eine eigene Wertschöpfung erfolgt. Die Produktion kann im Arbeitsprozess als Selbständiger, Freiberufler, Angestellter, Manager oder Unternehmer erfolgen.

Produktionsprozesse können sein: Texten, Gestalten, Konstru-ieren, Komponieren, Programmieren.

Beispiele für Produktionssysteme sind:

- Textsysteme für den Texter,

- Graphik-Systeme für den Media-Macher,

- Systeme zur Belegerfassung für den Personalsachbearbeiter,

■ CAD-Systeme für den Konstrukteur,

■ Kundeninformationssysteme für den Vertreter,

■ Software-Entwicklungssysteme für den Programmierer.

Im PISA-System müssen für das Anwendungsgebiet „Produktion" Teile des DV-Systems des Arbeitgebers integriert sein. Ist der Anwender selbst Unternehmer, so ist sogar ein komplettes betriebliches DV-System notwendig.

Allgemeine Arbeiten

Büroarbeiten
Es gibt eine Vielzahl von wertschöpfenden Arbeiten, die in den unterschiedlichsten Bereichen und in verschiedensten Ausprägungen vorkommen. Insbesondere in Berufen des Dienstleistungsgewerbes, der Verwaltung, der Disposition und des Managements bestehen dabei viele Tätigkeiten selbst aus einer Verarbeitung von Informationen und sind damit prädestiniert für die zur Hilfenahme der elektronischen Datenverarbeitung. Unsere Aufgaben im Büro-Alltag sind:

■ Kommunizierende Aktivitäten: schriftliche Korrespondenz, Telefongespräche, Besprechungen und Meetings, Zweiergespräche, Vorträge und Referate.

■ Verwaltende Aktivitäten: Geschäftspartner- und Adreßverwaltung, Terminkoordination und Disposition, Datei- und Schriftgutverwaltung.

■ Verarbeitende Tätigkeiten: Informationsbeschaffung und Auswertung, Disponieren, Konstruieren, Berechnungen und Kalkulationen, Ausarbeitung von Expertisen und Studien.

Wie können wir Information und Kommunikation, Besprechungen, Telefonate und Korrespondenz zweckmäßig und rationell erledigen?

Lesen

Informationsverarbeitung fängt oft mit dem Lesen an. 30 Prozent der Zeit wenden Manager bekanntlich im Schnitt für das Lesen auf. Ein nicht rationelles Lesen wäre damit Zeit- und Geldverschwendung. Folgende Empfehlungen sollen kurz aufgelistet werden:

■ nur gezielt und selektiv lesen,

■ zielorientiert den Lesestoff auswählen,

■ bewußt entscheiden, ob man etwas überhaupt liest,

■ wenn man etwas liest, entscheiden, wieviel man lesen muß,

■ wesentliche Teile studieren wie Inhalt, Anfang, Resümee,

■ gezielt Antworten auf eigene Fragen im Lesestoff suchen,

■ hervorgehobene Texte lesen und Abbildungen studieren,

■ schnell lesen gemäß empfohlener Techniken,

■ Inhalte markieren,

■ Zusammenfassungen schreiben bzw. skizzieren.

Ohne Training erreicht ein Erwachsener durchschnittlich 200 bis 250 Wörter pro Minute – nach der Beherrschung einschlägiger Techniken des Schnell-Lesens sind es etwa 400 bis 500 Wörter. Die Techniken sind z. B. Diagonallesen, Slalomtechnik, Störfaktorausschaltung und peripherisches Lesen. Zusammenfassend ist folgende Lesemethodik sinnvoll: Überblick gewinnen, Fragen stellen, Lesen und Rekapitulieren.

Von unserem PC können dabei folgende Hilfen erwartet werden:

■ Studium der Gliederung durch Ein- und Ausblenden von Gliederungsebenen,

■ Suche von Textstellen für die Beantwortung unserer Fragen,

■ Verzweigen in verbundene Dokumente und damit Übergang vom linearen Lesen zum assoziativen Studieren von Texten,

■ Markierungen und Kommentierungen in gespeicherten Texten direkt vornehmen,

■ Erstellung von Zusammenfassungen.

Für die persönliche Zusammenfassung von Lesetexten sollten wir uns häufig der handschriftlichen Mind-Map-Methode bedienen, die später beschrieben wird, da hier sehr gehirngerecht aufgezeichnet und gelernt wird.

Besprechungen
Unter Tätigkeits- und Zeitprofilen von Führungskräften wird der Anteil der Besprechungen und Meetings meist mit Abstand die Spitzenposition einnehmen. Dabei gibt es kaum eine Tätigkeit, bei der so viel Zeit von so vielen Personen gleichzeitig verschwendet wird, wie bei Meetings. Mit unserem PC könnten wir vor jeder Besprechung die Kosten kurz ermitteln und diese den Teilnehmern zur eigenen Reglementierung und Bewußtseinsbildung andrucken. Bedenken Sie dabei die kalkulatorischen Stundensätze der Teilnehmer, die Zeit, die Gemeinkosten, Spesen und sogar der Umsatzausfall für andere wertschöpfendere Einsätze.

Um die Effizienz und Effektivität von Besprechungen zu erhöhen, müssen folgende Regeln eingehalten und durch unser bzw. das betriebliche DV-System entsprechend unterstützt werden:

■ Schriftliche Vorbereitung – mit Zielsetzung, Teilnehmerzahl, Zeitpunkt, Ort, Tagesordnung, Zusatzinformationen.

■ Einladung mit Agenda und Zusatzinformationen.

■ Inhaltliche Vorbereitung durch alle Teilnehmer.

■ Pünktlicher Beginn und rechtzeitiges Ende.

■ Professionelle Gesprächsführung durch Moderator.

■ Präsentation und Diskussion anhand von vorbereiteten Unterlagen.

■ Protokollierung Ergebnisse, Arbeitsaufträge, offenen Punkte.

■ Abstimmung der Protokolle.

Hierbei sind folgende elektronische Hilfestellungen zu fordern:

■ Textverarbeitung und Präsentationsgraphik-Software,

■ Adreß- und Verteilerverzeichnisse,

■ Planungskalender für Terminabstimmung und

■ Alarm vor Beginn einer Besprechung,

■ Elektronic Mail für Informationsaustausch vor und nach dem Meeting,

■ Computernutzung für direktes Protokollieren in den Besprechungen sowie für die Beschaffung von Zusatzinformationen,

■ Wiedervorlage-System für Verfolgung der Arbeitsaufträge.

Bei aller elektronischen Unterstützung muß natürlich klar sein, daß die menschlichen Stärken und Schwächen der Teilnehmer den überwiegenden Anteil am Besprechungserfolg ausmachen. Es gibt die Streiter, Alleswisser, Negativen, Ausfrager, Schüchternen, Desinteressierten, Großkopferten – sie alle sind mit den positiven, ergebnisorientierten Teilnehmern zusammen für das Gelingen zuständig.

Ähnliches gilt auch für Zweiergespräche, die für unsere persönliche Informationsverarbeitung genausowichtig, wenn nicht sogar bedeutender sind. Erst in Zweiergesprächen öffnet sich bei einer guten Atmosphäre der Gesprächspartner und gibt Teile seines Innersten frei. In diesen Gesprächen sollte weitgehend auf Technik verzichtet werden – sofern Sie keinen technologie-besessenen Glaubensbruder vor sich haben.

Telefonieren
Das Telefon ist eines der effektivsten Mittel zum Zeitsparen bei gleichzeitiger annehmbarer Informationsübermittlung. Die Wege zum Gesprächspartner entfallen. Wir können neben der reinen Information, auch die Stimme als Ausdruck der hinter den Fakten liegenden Emotion hören. Die nachfolgend aufgelisteten Nachteile werden sicher in Kürze durch die Technik größtenteils überwunden – entsprechende Systeme sind bereits auf dem Markt erhältlich:

Das Wählen: Der Wählkomfort wird durch Nutzung des ISDN-Systems weitreichend erhöht, es kann z. B. während laufender Gespräche angeklopft werden, der Anrufer kann auf einem Display angezeigt werden, Ringschaltungen und Rufweiterschaltung sind problemlos möglich.

Die Telefon-Nummern brauchen bei Nutzung einer intelligenten Verbindung mit dem PC und entsprechender Software nicht mehr jedesmal neu gewählt werden, sondern können per Markierung und Mausdruck auf dem Bildschirm aktiviert werden.

Das Bearbeiten von Dokumenten: Soll in einem Gespräch ein gemeinsames Dokument betrachtet oder bearbeitet werden, so war dies bisher noch schwer möglich. In Zukunft wird durch die zwei Kanäle des ISDN-Netzes das gleichzeitige Verbinden von PCs und Telefon immer populärer. Wir sehen beide auf dem Bildschirm die gewünschte Datei, während wir uns telefonisch über die Inhalte abstimmen.

Als Vorstufe ist heute vielfach die Verknüpfung von Kundendatenbanken und Telefonsystem realisiert. Wählen Sie z. B. eine Versicherung an, so bekommt der angewählte Sachbearbeiter sofort die Vertragsdaten auf seinen Bildschirm.

In unserem PISA-System könnte es empfehlenswert sein, zumindest per Hand den Adreß-Datensatz eines Gesprächsteilnehmers auf den Bildschirm zu holen, um zusätzliche Informationen einzusehen und Ergebnisse direkt zuzuordnen.

Bildtelefone: Seit der CeBIT-Messe '95 erscheint nun auch das Bild- und PC-Telefon für den Normalverbraucher realisiert zu sein. Der Computer wird um eine kleine Video-Kamera ergänzt und schon können Sie neben den zu bearbeitenden Dokumenten Ihren Gesprächspartner auf Wunsch in einem Bildschirmfenster sehen. Das alles ist zu einem tragbaren Preis erhältlich.

Korrespondenz
Gerade für die Ausgangspost können wir unsere technischen Hilfsmittel bestens gebrauchen. Hier kommt die Textverarbeitung, das Softwarepaket, das wohl jeder einsetzt, voll zur Geltung.

Folgende – auch neue – Anforderungen sind zu stellen:

■ Zunächst sind entsprechende Briefmuster vorzubereiten. Ein Muster enthält die Angaben unseres herkömmlichen Briefpapieres, sofern wir dieses nicht mehr über eine Druckerei beziehen. Weitergehende Briefmuster erhalten vorgefertigte Formbriefe.

■ Der Aufbau einer Textbaustein-Datenbank kann sich empfehlen, wenn die Korrespondenz entsprechend umfangreich und strukturierbar ist.

■ Anschließend sollte eine Verbindung zur eigenen Adreßdatenbank aufgebaut sein, um eine Doppeleingabe der Adresse zu vermeiden.

■ Für Serienbriefe ist ein entsprechendes Muster für den Bedarfsfall aufzubauen.

■ Für einen Versand ohne Fensterumschläge sollte der Drucker neben dem üblichen DIN A4-Format Adreßlabels bedrucken können.

■ Für den elektronischen Versand per FAX, E-Mail oder EDI sind entsprechende Verbindungen aufzubauen.

■ Für die Ablage des Briefes ist ein entsprechendes Dateiverzeichnis und gegebenenfalls ein Aktenordner bereitzustellen.

Neben den herkömmlichen Briefen sollte geprüft werden, ob nicht weitere Briefvordrucke und Muster vorhanden sein müssen, z. B. für Kurz- und Begleitbriefe, Einladungen und Anmeldungen, Pendelbriefe, Schnellantworten, Protokolle, Rechnungen, Faxe, Umläufe.

Schwieriger ist die elektronische Bearbeitung der Eingangspost. Um hier in die elektronische Verarbeitung zu gelangen, müßte ein Einscannen zwischengeschaltet werden, sofern die Briefe noch traditionell übermittelt werden. Dies dürfte im privaten Bereich noch kaum Nutzen bringen.

Anders ist es, wenn wir zunehmend z. B. Faxe direkt im PC empfangen. Hierfür sind entsprechende Eingangs-Dateiverzeichnisse anzulegen.

Bei der Bearbeitung der Eingangspost sollte auf jeden Fall direkt das persönliche Planungssystem genutzt werden, um die Aktionen, die aufgrund der Eingangsnachrichten erfolgen müssen, sofort aufzunehmen.

Personen- und Adreßverwaltung
So wie das Briefeschreiben eine der ersten Verarbeitungen von unstrukturiertem Text auf dem PC war, so war die Personen-, Firmen- und Adreßverwaltung eine der ersten Anwendungen für strukturierte Daten und Datenbanken.

Folgende Strukturmerkmale machen deutlich, daß die Informationsstruktur einer Adreßdatenbank keineswegs trivial ist. Da die Adressen in der Regel langfristig aufbewahrt werden, gilt es, hier eine möglichst sorgfältige Auswahl und Strukturierung vorzunehmen.

Für Personen sind z. B. folgende Informationen zu verwalten:

Personenangabe:
- Name
- Vorname
- Titel
- Anrede

Adresse:
- Straße
- PLZ Wohnort
- Postfach
- Telefon privat
- Fax privat
- E-mail Adresse
- Zusatzadressen ggf. mehrfach
- weiterer Systemanschluß ggf. mehrfach

Beruf:
- Beruf ggf. mehrfach
- Firma ggf. mehrfach
- Position ggf. mehrfach
- Telefon dienstlich ggf. mehrfach
- Fax dienstlich ggf. mehrfach
- Name der Sekretärin ggf. mehrfach
- Verweis auf Unternehmens-
  Datenbank

Kontaktaufbau:
- Kennengelernt wobei
- Kennengelernt am
- Bekanntheitsgrad
- Letzter Besuch ggf. mehrfach
- Anlaß ggf. mehrfach
- Inhalt des Treffens ggf. mehrfach

Persönliches:
- Geburtsdatum

– Hobbies	mehrfach
– Wünsche	mehrfach
– Bankverbindung	mehrfach

Familie:
- – Vorname Ehefrau
- – Geburtsdatum Ehefrau
- – Vorname Kinder   ggf. mehrfach
- – Geburtsdatum der Kinder   ggf. mehrfach

Bei Unternehmen gilt es zu verwalten:

Unternehmens-Angabe:
- – Name
- – Unternehmensform

Ansprechpartner: ggf. mehrfach
- – Name
- – Vorname
- – Titel
- – Position
- – ggf. Verweis auf Personen-
  Datenbank

Adresse:
- – Straße
- – PLZ Wohnort
- – Postfach
- – Zweitadresse   ggf. mehrfach
- – Telefon   ggf. mehrfach
- – Fax   ggf. mehrfach
- – Datex-j Adresse
- – weiterer Systemanschluß   ggf. mehrfach
- – weitere PC-Adresse   ggf. mehrfach
- – Bankverbindung   ggf. mehrfach

Branche:
- – Größe in Mitarbeitern

- Größe in Umsatz
- Position am Markt
- Gründungsjahr
- Produkte   ggf. mehrfach

Kontaktaufbau:
- Kennengelernt wobei
- Kennengelernt am
- Bekanntheitsgrad
- Letzter Besuch   ggf. mehrfach
- Besuchsanlaß   ggf. mehrfach
- Inhalt des Treffens   ggf. mehrfach

Daten, die fehlen können bzw. ein- oder mehrfach auftreten, sowie gegenseitige Verweise machen die Struktur der Datenbanken komplexer als uns meist lieb ist.

Will man nicht unnötig viele leere Felder vorhalten, so muß die eindimensionale Datei oder der sogenannte Flat-File in eine Datenbank mit mehreren untereinander verbundenen Adreß-Datenbanktabellen aufgeteilt werden.

Weiterhin ist die Adreß-Aufbereitung und Anredeform ein durchaus komplexer Algorithmus, will man dies aus einzelnen Datenfeldern erzeugen. Man bedenke alleine, wie die Anredeform aus dem Vornamen abzuleiten ist oder die Kette der möglichen Titel eines österreichischen Geheimrates mit Doktor-Würden gewählt werden muß. Es ist daher zu empfehlen, diese zusammengesetzten Daten direkt, wenn auch teilweise redundant in der Datenbank aufzunehmen.

Unternehmens- und Personendaten können in einer einzigen Datei geführt werden, wenn man auf einige spezielle Daten verzichtet oder die jeweiligen Felder leer läßt. Es entsteht dann eine Datei mit folgender Struktur, die alle Kontakte bzw. Adressen enthält: Name bzw. Kurzname (einer natürlichen oder juristischen Person), Adresse, sonstige gemeinsame Daten, Daten einer natürlichen Person, Daten einer juristischen Person.

Wie wichtig Personen- und Firmendaten sind, beweisen millionenteure Projekte, die den Aufbau sogennanter Kundenbindungssysteme, was ein zielorientierter Ausdruck für Kundendatenbank ist, zum Inhalt haben. Daher sollten auch wir uns nicht scheuen, eine gute eigene Kontaktdatei zu führen und permanent zu pflegen. Es wird uns sehr hilfreich sein, gerade im langfristigen Bereich.

Dokumentenbearbeitung
Bei Schreibtischarbeiten war neben dem Lesen und Nachdenken das Aufschreiben immer die dritte Hauptaktivität und das, was die eigenen Gedanken auch für andere transparent gemacht hat. Heute findet das Schreiben häufig auf einer Tastatur am Computer statt. Dabei gibt es vier Hauptbearbeitungsformen:

■ Die Textverarbeitung:
  Texte werden geschrieben, verändert, ausgedruckt und abgespeichert.

■ Die Präsentationsgraphik:
  Graphiken werden aus graphischen Elementen, Texten und vorgefertigten Bildern und Symbolen (Cliparts) erstellt, verändert, ausgedruckt und abgespeichert.

■ Die Berechnungen:
  Zahlen werden in sogenannten Tabellenkalkulationen miteinander verknüpft, eingegeben, berechnet, ausgedruckt und abgespeichert.

■ Die Datenbankverarbeitung:
  Sogenannte Datensätze mit Daten gleichen Formats werden in Datenbanken, die wie Karteikästen zu handhaben sind, abgelegt, sortiert, gesucht, miteinander verknüpft und abgespeichert.

Für all diese Arbeiten gilt es, im Computer-Zeitalter folgende Anforderungen zu beachten und zu nutzen:

Viel mit Computer arbeiten! Wir wollen in unserem persönlichen Informationsverarbeitungssystem möglichst viel des von uns erstellten Materials im Computer abspeichern, da es besser korrigiert werden kann, leichter aufzufinden ist, fehlerfreier und schneller verarbeitet wird, schöner aufbereitet werden kann.

Vieles miteinander verknüpfen! Die verschiedenen Ergebnisse und Elemente unserer elektronischen Dokumentenerstellung können miteinander kombiniert werden – in Texte können Tabellen und Graphiken eingeblendet werden, in Tabellenkalkulationen können Textpassagen und Graphikobjekte eingebaut werden, in Datenbanken können auch Bilder und Symbole abgespeichert werden.

Vieles mehrfach nutzen! Der Computer bietet den Vorteil, daß wir Dokumente sehr leicht mehrfach nutzen können. Einzelteile wie Textbausteine und einzelne Graphiken können leicht neu zusammengestellt werden, z. B. zu Folienvorträgen, Aufsätzen oder Statistiken. Leichte Modifikationen sind dabei schnell eingearbeitet.

Nichtlinear arbeiten! Im Gegensatz zum herkömmlichen Arbeiten auf Papier können wir im Computer beliebig viele neue Zeichen, Zeilen und Spalten jederzeit neu in ein Dokument einfügen. Das schafft die Flexibilität, die eigenen Gedanken nicht nur linear zu verarbeiten und zu formulieren, sondern so wie sie uns einfallen. Und bekanntlich ist unser Gehirn alles andere als linear programmiert. Mit Gliederungsfunktionen können wir ganze Bearbeitungsebenen ein- und ausblenden, an jeder beliebigen Stelle Dinge einfügen, die Struktur dabei belassen oder sogar umbauen. Mit Verknüpfungsfunktionen können wir sogenannte Hypertexte erzeugen, in denen die Ergebnisse selbst am Ende nicht mehr linear, sondern in vielfältigen Verästelungen abgelegt sind.

Gut präsentieren! Das Auge will stets etwas geboten bekommen, die beste Ware taugt nichts ohne eine gute Verpackung. Diese Lebensweisheiten gelten auch in der Informationsverarbeitung, wo wir ihnen mit den heutigen Möglichkeiten der Farbbildschirme und Drucker bestens gerecht werden können. Also planen wir neben der inhaltlichen Dokumentenerstellung stets eine Formatierung, Verschönerung und Aufbereitung ein. Das kostet meist eine Menge Zeit, da wir nun über Techniken verfügen, die früher nur bei Profis lagen und auch einiges an Wissen und Talent erfordern. Es ist z. B. nicht leicht, aufeinander abgestimmte Farben zu verwenden, die in einer Graphik eine gewollte Wirkung zeigen. Dennoch ist es den Versuch wert, die Dinge zu verschönern, wenn wir mit den Gestaltungsmöglichkeiten sparsam umgehen.

Archivieren! Die Ergebnisse unserer Arbeit sollten immer neben dem meist notwendigen Ausdruck auf Papier auch abgespeichert bleiben. Nichts ist so ärgerlich, als sich der Vorteile selbst zu berauben, die durch ein unbedachtes Löschen von einmal erfaßten und später wieder verwendbaren Daten hätten vorhanden sein können.

Wenn Ergebnisse gespeichert werden, müssen sie auch wiederzufinden sein – über den Namen des Dokumentes, über Volltextrecherchen, über Indexsuchen und sonstige Algorithmen. Hierzu ist eine entsprechende Systematik aufzubauen.

Anmerkung: Auch bei der noch so komprimierten Speicherung auf kleinstem Raum und den Vorteilen einer langfristigen Archivierung muß gefragt werden, ob wir uns es auf Dauer leisten können, jedes einmal erzeugte Dokument bis in alle Ewigkeit aufzubewahren, oder ob wir uns nicht um eine frühzeitige Entsorgung z. B. über ein voreingestelltes Löschungsfreigabedatum Gedanken machen sollten.

Die oben angeführten Anforderungen und Empfehlungen sind von grundlegender Bedeutung für eine computerisierte Informationsverarbeitung und damit auch für unser PISA-System. Diese werden allerdings heute im Zeitalter ausgereifter elektronischer Office-Pakete in der Regel erfüllt. Die ganze Vielfalt, die von diesen Software-Programmen geboten wird, wollen wir hier nicht als Anwenderanforderungen wiederholen. Wir können vielmehr davon ausgehen, daß in diesem Bereich kaum ein Wunsch offen bleibt.

DV für Arbeitnehmer

Da die überwiegende Mehrzahl der Berufstätigen Arbeitnehmer sind, wollen wir die Anforderungen an das persönliche Informationssystem ermitteln, die sich aus dem Angestelltenverhältnis ergeben.

Leider sind immer noch viele betriebliche DV-Systeme so konzipiert, daß sie den Anwender eher entmündigen und einengen, als ihm eine sinnvolle ganzheitliche Unterstützung zu geben. Aber bedenken wir bitte, daß hier vieles noch aus den Anfangszeiten der EDV stammt und haben wir Nachsicht mit den häufig hoffnungslos überforderten Programmierern der zentralen DV-Abteilungen. Werden sie mit den vielfältigen neuen Anforderungen der Anwender bombadiert und haben nichts mehr anderes zu tun, als dies aufwendig in Uraltprogramme und in veralteter Technik nachzuprogrammieren, so werden wir immer weiter in die vielbeschriebene Softwarekrise hineingeraten.

Gefordert werden muß ein konsequentes Umdenken der Informations- und Organisationsmanager. Deren Aufgabe ist es nicht, die Lauffähigkeit und Wartung von veralteten Programmpaketen zu überwachen, sondern eine Informationsversorgung und Infrastruktur im Unternehmen zu organisieren, wo letztlich jeder Mitarbeiter ergebnis- und aufgabenbezogen, flexibel und eigeninitiativ tätig werden kann.

Wir müssen in den Betrieben wegkommen von den starren zentralen Großsystemen hin zu vernetzten Arbeitsplatzsystemen, die vom Menschen aus designed sind und nicht von einer anonymen Zentrale übergestülpt wurden. Wir wollen nicht Systeme bedienen müssen, sondern uns ihrer bedienen.

Die Forderungen, die wir aus Sicht unseres PISA-Systems stellen sollten, sind:

■ Bereitstellung von umfassendem Support für die ganzheitliche Bearbeitung betrieblicher Aufgaben – ähnlich wie wir es hier für den privaten Bereich versuchen.

■ Erfüllung der Benutzerfreundlichkeit, die wir im Bereich der Personalcomputer mittlerweile gewohnt sind.

■ Öffnung des Systems für individuelle Anwendungen, die wir selbst ad hoc und bedarfsorientiert z. B. über käufliche Standardprogramme einspielen möchten.

■ Zugangsmöglichkeiten von zu Hause und unterwegs, um der Flexibilisierung der Arbeitsorganisation nicht im Wege zu stehen.

■ Gemeinsame wechselweise Nutzbarkeit von betrieblicher und privater Hard- und Software, wobei beide ein gegenseitiges Backup sein könnten.

DV für Selbständige

Für die Selbständigen, Freiberufler, Gewerbetreibenden und Unternehmer wird die betriebliche Datenverarbeitung all das beinhalten, was der Markt heute an Programmpaketen bietet. Diese umfassen zunächst die klassischen betriebswirtschaftlichen Funktionen wie Finanzbuchhaltung, Kostenrechnung sowie Angebots- und Fakturierungssystem, die häufig branchenübergreifend nutzbar sind. Daneben gibt es für jedes einzelne Marktsegment eine Vielzahl von Branchenpaketen.

Ein Auszug aus der funktionalen Gliederung der SAP-Software soll einen Einblick der Vielfalt und gleichzeitig eine Checkliste für eigene betriebliche Belange bieten. SAP bietet bekanntlich eine der weltweit erfolgreichsten branchenübergreifende Standardsoftwarepakete, die es derzeit am Markt gibt.

Private Vorhaben und Projekte

Neben der Produktion im Beruf gibt es Lebenswerke und Projekte, die in der Freizeit abgewickelt werden. Um diese zu unterstützen, kann die Informatik ähnlich vielfältig eingesetzt werden.

Beispiele für private Projekte und deren Informatik-Unterstützung sind:

■ Haus bauen: Finanzierung berechnen; Objekt planen / Grundriß entwerfen; Kosten überwachen; Musterbriefe für Hausbau-Korrespondenz nutzen.

Gliederung der SAP-Software (Auszug)

FI	Finanzbuchhaltung
	Geschäftsbereichsbuch-
	haltung
	Optisches Archiv
FI-GL	Hauptbuchhaltung
	Sachkontenbuchhaltung
FI-AR	Debitorenbuchhaltung
FI-AP	Kreditorenbuchhaltung
	Rechnungsvorerfassung
FI-LC	Konsolidierung
	Konsolidierungsfunktionen
	PC-Datenerfassung
	Vorbereitung im Einzel-
	abschluß
	Partner-Abstimmverfahren
FI-FC	Finanzcontrolling
	Electronic Banking
	Cash Management
	Finanzinformationssystem
	Finanzdispositionssystem
	Devisenabstimmung
	Vermögensverwaltung
	Kontenclearing
FI-FM	Finanzmittelüberwachung
	Finanzplanung

CO	Kostenrechnung
CO-CCA	Kostenstellenrechnung
	Kostenartenrechnung
	Planversionen und
	Abgrenzung Plan-Ist
	Umbuchungen
CO-ABC	Leistungsabrechnung
	Leistungsarten und
	Bezugsgrößen
	Leistungsplanung
	maschinelle Planungs-
	ermittlung
CO-OPA	Auftrags – und
	Projektkostenrechnung
	Abrechnung
	Einzelkalkulation
	Investitionsaufträge
	Obligo-Verwaltung

CO-PC	Produktkostenrechnung
	Erzeugerkalkulation
	Fertigungsauftrags-
	kalkulation
	Kostenträgerrechnung
	Serienfertigung
	Prozeßfertigung
	Kundeneinzelfertigung
CO-PA	Ergebnis-/Marktsegment-
	rechnung
	Absatz-/Ergebnisplanung
	Umsatzkostenverfahren –
	Serienfertigung
CO-PCA	Profitcenter Rechnung
	buchhalterisches Gesamt-
	kostenverfahren
CO-BPC	Unternehmenscontrolling
	Führungsinformationssystem

AM-AA	Anlagenbuchhaltung
	Grundfunktionen
	Integrierte Kostenstellen-
	planung
	Leasinganlagen
	Einzelpostenabrechnung AIB
AM-EQ	Technische Anlagenver-
	waltung
	Equipment und technische
	Plätze
AA-IC	Investitionscontrolling
	Verwaltung Investitions-
	projekte

HR	Personalwesen
	Stammdaten
	Abrechnungsbasis
HR-ORG	Organisation und Planung
	Stellen- und Arbeitsplatz-
	beschreibung
HR P&C	Planung und Controlling
	Qualifikationen und
	Anforderungen
	Aus- und Forbildungsverwal-
	tung

Gliederung der SAP-Software (Auszug)

	Seminarverwaltung		Einkaufsinformtionssystem
	Seminarbeurteilungen		Umlagerungsbestellung
	(Kosten und Budgets)		Streckenbestellung
	Raumbelegungsplanung		Transportbestellung
	Karriere- und Nachfolge-		Lohnbearbeitung
	planung		Bonusabwicklung
HR-PAD	Personaladministration	MM-WM	Lagerverwaltung
	Stammdatenverwaltung		Lagereinheitenverwaltung
HR-TIM	Zeitwirtschaft		Lagerplatzverwaltung
	Zeitdatenverwaltung		Palettenverwaltung
	Anwesenheitszeiten		Sammelgänge zu Lieferung
	BDE-Schnittstelle für	MM-IM	Bestandsführung
	Anwesenheit		Wareneingang
	Einzel-Leistungslohn		Bestandsführung
	Leistungslohn		Inventur
HR-TRV	Reisekosten		Bezugsnebenkosten
	Kostenaufteilung innerhalb		Bestandcontrolling
	der Reise		Sonderbestände
HR-PAY	Personalabrechnung		Stichprobeninventur
	Lohn- und Gehalt		Entnahme auf Stückliste
	Darlehen		PPS-Auftragsintegration
	Sonderzahlungen		Kundenauftragsbestand
	Direktversicherung		Anschluß Qualitätssicherung
	Besonderheiten öffentlicher		Chargenverwendungs-
	Dienst		nachweis
	Kurzarbeiter- und Schlecht-		Auftragsintegration
	wettergeld	MM-IV	Rechnungsprüfung
	VBL/ZVK-Meldungen		Bilanzbewertungsverfahren
	Automatische Pfändungs-		
	abwicklung	**PP**	**Produktion**
	Bescheinungswesen	PP-BD	Grunddaten Produktion
MM	**Einkauf**		Arbeitsplätze
MM-BD	Materialwirtschaft		Arbeitspläne
	Materialstamm		Stücklisten
	Lieferantenstamm		Dokumentenverwaltung
	(Einkaufsfunktion)		CAD-Integration
	Klassifikation		Vorgabezeitermittlung CAP
	EAN-Nummernverwaltung	PP-MRP	Bedarfsplanung
MM-PUR	Einkauf		Prognosebasis
	Kontrakte		Verbrauchsgesteuerte
	Lieferpläne		Bedarfsplanung
	Quotierung		deterministische Disposition
	Lieferantenbeurteilung		(mehrstufig)
			Programmplanung

Gliederung der SAP-Software (Auszug)

	Lieferplanermittlung			IH-Meldungen
	Lieferplaneinteilung			Historie
PP-MPS	MPS-Planung		PM-PRM	Vorbeugende Instandhaltung
PPCRP	Kapazitätsplanung			Arbeitsplanung
PP-EQM	Technische Objekte der			Wartungsplanung
	Instandhaltung		**SD**	**Verkauf**
	Referenzplätze		SD-SLS	Verkauf
	Technische Plätze			Kundenstamm
	Equipment			Rahmenverträge
PP-SOP	Absatz- und Produktions-			Export EG 93
	grobplanung			Nachrichtensteuerung
PP-SFC	Fertigungsaufträge			Streckenauftrag
	Auftragsabwicklung			Transportauftrag
	Auftragsabrechnung			Baukastenstückliste
	Kundeneinzelfertigung			Artikelfindung/-listung/
	Serienfertigung			-ausschuß
	Leitstandintegration			Umlagerungsauftrag
PP-PC	Kalkulation			Sofortauftrag
	Erzeugniskalkulation			Substitution
	Istkostenschichtung			Chargenhandling
PP-IS	Fertigungskalkulations-			Terminauftrag für
	system			Kundeneinzelfertigung
PS	**Projektsystem**			Kundenleihgut und
PS-BD	Projektsystem Grunddaten			Kundenkonsignation
	Projektstrukturplan			EAN-Nummernverwaltung
	Netzplan		SD-SHP	Versand
PS-PF	Planung und Forecast			Versandabwicklung
	Kostenplanung			Versandanschluß zur
	Budgetverwaltung			Umlagerungsbestellung
	Terminierung		SD-BIL	Fakturierung
	Terminverwaltung			Bonusabwicklung
PS-IT	Integration Projekte			Rechnungsliste
	Fremdbearbeitung		SD-CAS	Computer aided Selling
	Auftragsfortschreibung		SD-IS	Informationssystem
PS-IS	Informationssystem Projekte			Vertriebsinformationssystem
	Projektanalyse		**RV-T**	**Verkauf Transport**
QM	**Qualitätsmanagement**			Entfernungswerk
QM-PT	Prüf- und Testverfahren			Kalkulationsschema
	Prüfmerkmale			Frachtkonditionen
	Prüfabwicklung WE/WA			Konditionspflege
PM	Instandhaltung			Kontingente
PM-WOC	Instandhaltungsabwicklung			Transportbearbeitung
	Technische Befunde			Frachtabrechnung

■ Buch/Studie/Autobiographie schreiben: Texte gliedern, erfassen und editieren; Musterbriefe für Verlagskorrespondenz nutzen.

■ Ausstellung veranstalten: Ausstellungskatalog erstellen; Einladungen schreiben; Adressen sammeln.

■ Familienfest organisieren: Adressen selektieren; Einladungen schreiben; Tischkarten designen; Einkauf kalkulieren.

■ eigene Idee zu einem Produkt entwickeln: Idee beschreiben; Produktforschung betreiben; Anforderungen formulieren; Produkt entwerfen; Produkt kalkulieren; Produkt beschreiben; Produkt vermarkten.

Gerade im privaten Bereich werden mit größeren Projekten viele entscheidende Weichen für das persönliche Glück gestellt, daher ist die Zielerreichung mit Hilfe einer soliden Planung und Überwachung abzusichern (siehe hierzu Kapitel „Planung und Controlling").

Zwischen Berufsleben und Privatleben gibt es die Vereine, die sich einer hohen Beliebtheit erfreuen und zunehmend auch mit DV-Systemen verwaltet werden. Typische Anwendungen sind z. B. Mitgliederverwaltung, Ergebnis- und Ranglisten, Beitragsabrechnung.

Individual-Software-Entwicklung

Programmierung ist Verfahrensbeschreibung, exakte Formulierung von Algorithmen, Ausarbeiten von Abläufen und Wenn-dann-Beziehungen. Programmierung benötigen wir eigentlich überall im Leben, nicht nur zur Übermittlung, was ein Computer tun soll. Daher ist die Programmierung immer ein Teil unserer persönlichen Informationsverarbeitung.

Um nachvollziehbare und einfache Programme zu schreiben, sollten wir uns bewußt sein, daß Verarbeitungen und Algorithmen eigentlich immer aus wenigen Strukturelementen bestehen:

- linearen Verarbeitungen

- Bedingungen

- Schleifen

Aus diesen wenigen Elementen können Sie letzlich jeden Algorithmus und jedes Verfahren eindeutig beschreiben. Dabei sind wiederkehrende bzw. bereits verfügbare Programmteile als Module auszulagern und bei Bedarf aufzurufen.

Zu vermeiden sind in der Programmierung dagegen wilde Sprünge von einem Befehl an irgendeine andere Stelle im Algorithmus. Die Verwendung von sogenannten GOTOs führen schnell zu nicht mehr durchschaubaren Spaghetti-Programmen.

Wer einen Computer besitzt, sollte zumindest in einem geringen Umfang auch programmieren können. Dabei gilt es, zunächst die eigenen Vorstellungen computerunabhängig wie oben beschrieben zu formulieren. Diese sind anschließend in entsprechenden computerverständlichen Befehlen und Programmiersprachen zu codieren.

Natürlich sind viele Software-Pakete so ausgelegt, daß sie benutzerfreundlich und ohne tiefgreifende Computerkenntnisse anwendbar sind. Häufig entstehen jedoch neue Wünsche. Arbeitsvorgänge sollen automatisiert werden, Bildschirme oder Listen sind individuell zu gestalten oder spezielle Rechnungen durchzuführen. Hierfür haben viele Software-Produkte eigene Programmiermöglichkeiten geschaffen, die leicht zu erlernen sind:

- Der Tasten-Recorder
  Dabei werden die gedrückten Eingabetasten eines Bearbeitungsvorganges im Computer aufgezeichnet und unter einem speziellen Programmnamen abgespeichert. Ruft man anschließend dieses Programm wieder auf, kann man sich die Eingabe von der Tastatur sparen. Der Computer führt den Vorgang vollautomatisch aus.

■ Die Makrosprachen
  Hierbei handelt es sich um spezielle Computersprachen mit
  einfachen mächtigen Befehlen, mit deren Hilfe innerhalb eines Software-Paketes programmiert werden kann. Erfolgreiche Standardpakete wie das Textverarbeitungssystem WORD,
  die Tabellenkalkulation LOTUS oder die Datenbank PARA-
  DOX haben solche Möglichkeiten.

■ Die universellen Computersprachen
  Sie alle kennen vermutlich Namen von Computersprachen wie
  BASIC, PASCAL, COBOL oder C. Mit diesen Programmiersprachen können die unterschiedlichsten Probleme im Rechner formuliert und automatisiert werden.

Die eigenen Programme sind zu strukturieren, zu codieren und
zu testen. Sie genügen unserem Qualitätsanspruch und gefährden
nicht durch individuelle Programmfehler das Gesamtsystem. Wenn
Sie genügend Zeit besitzen, so könnten Sie sich folgendes Ziel als
Krönung für das eigene PISA-System vorgeben:

■ Alle Vorgänge, die Sie sich automatisiert vorstellen und in
  Form von eindeutigen Anweisungen beschreiben können, sollen in einer Computersprache ausprogrammiert und umgesetzt werden.

Aber Vorsicht: das PISA-System soll Ihnen nutzen – nicht aber Ihre komplette Zeit für die Entwicklung einer 100 Prozent-Lösung
binden.

Vertrieb und Verkauf

Es gibt Hunderte von Lebenslagen, in denen verkauft wird, in denen Sie sich verkaufen – beruflich wie auch privat. Wir verkaufen
unsere Produkte, unsere Dienstleistungen und dabei immer auch
ein Stück von uns selbst.

Verkaufen ist eine Tätigkeit, die uns allen unbegrenzte Möglichkeiten bietet, weil es eine der wichtigsten Aufgaben überhaupt ist
und sie deshalb entsprechend honoriert wird. Wir können noch so
viele hervorragende Produkte entwickeln. Wenn Sie keinen Käufer finden, sind sie nichts wert. Niemand kann auf erfolgreiche Verkäufer verzichten. Gäbe es keine erfolgreichen Verkäufer, wäre vermutlich die gesamte Weltwirtschaft schlagartig gelähmt.

Verkaufen ist daher in vielen Regionen entsprechend hoch angesehen: der Salesman gilt etwas. In einigen Ländern ist allerdings
das Image auch etwas angeknackst – und leidet unter Auswüch-
sen von Klinkenputzern, Drückern und Hard Sellern.

Wenn wir das Verkaufen nun mit unserem Informationsverarbeitungssystem entsprechend unterstützen wollen, so ist zunächst
festzustellen, daß wir für viele Verkaufsvorgänge und Verkaufserfolge
keinen Computer sondern uns selbst brauchen.

Verkaufen hat etwas zu tun mit Menschenkenntnis, Psychologie,
Kommunikation und Vertrauensbildung. Wir müssen zunächst den
Verkaufsvorgang selbst begreifen, bevor wir ausgewählte Aktionen
technisch unterstützen können. Verkaufen muß uns Freude bereiten – wir dürfen nicht dabei in technische Hilfsmittel flüchten.

Verkaufsvorgang

Betrachten wir den Verkaufsvorgang, wie er sich in der bekannten und bewährten **AIDA**-Methode darstellt:

A = Aufmerksamkeit   Kontaktaufnahme
Wer ein Produkt oder eine Dienstleistung anbieten will, muß die
Aufmerksamkeit des Marktes bzw. eines potentiellen Käufers erwerben. Dazu muß man zunächst erst einmal die Zielgruppe kennen und den Kontakt suchen. Wer ein erfolgreiches Verkaufsge-
spräch führen will, muß sich der vollen Aufmerksamkeit seines
Gesprächspartners gewiß sein. Dies wird immer dann der Fall
sein, wenn der Kunde ein persönliches Interesse oder ein Problem
hat, von dem er glaubt, daß wir es lösen können.

Dazu müssen wir als Verkäufer Vorabinformationen gesammelt haben und dem Kunden zuhören können. Wir müssen uns in die Rolle des anderen versetzen und ihn begreifen. Wenn der Kunde merkt, daß wir ihn verstehen und in seinem Sinne denken, dann werden wir auch seine Aufmerksamkeit erhalten.

Dabei sind einige Faktoren zu beachten, die Blockaden aufbauen können: wir müssen pünktlich, zuverlässig und vertrauenswürdig sein, Verbindendes und nichts Trennendes verkörpern.

I = Interesse   *Präsentation*

In der 2. Verkaufsphase des Verkaufsvorganges gilt es, das Interesse des Kunden an den eigenen Dienstleistungen und Produkten zu wecken. Wir müssen unser Angebot plastisch und verständlich machen. Es darstellen und zeigen.

Wir müssen unsere Vorteile darstellen. Wir müssen etwas zu bieten haben, was besser ist als die vergleichbare Konkurrenz. Wir müssen Sinn und Nutzen für den Kunden verkaufen, unsere Produkte und Dienstleistungen sind dabei meist nur Mittel zum Zweck. Wir müssen durch Rückfragen sicherstellen, daß der Gesprächspartner unser Angebot versteht und es zu seinen Bedürfnissen paßt.

D = Drang   *Argumentation*

In der 3. Phase müssen nun die Vor- und Nachteile unseres Angebotes aus Sicht des potentiellen Käufers abgewägt werden. Wir müssen auf Einwände, Rückfragen und Kritikpunkte vorbereitet sein und diese verargumentieren können. Beim Kunden muß immer weiter der Wunsch reifen, unser Angebot annehmen zu wollen.

Gerade in dieser Phase ist der Verkäufer besonders gefordert. Er muß in seinen Antworten Sachkenntnis beweisen, gleichzeitig positive Dinge herausstellen und Nachteile nicht über Gebühr strapazieren. In jedem Fall muß er glaubwürdig bleiben. Er muß überzeugen, daß er zum Nutzen des Kunden handelt.

Und denken Sie daran, was der Profi sagt: Der Verkauf beginnt erst dann, wenn der Interessent NEIN sagt.

A = *Auftrag* *Abschluß*

Ziel des ganzen Verkaufsvorganges ist der Abschluß. Wir reden nicht über Schenkungen, sondern wollen für eine Leistung einen angemessenen Gegenwert erzielen. Wie heißt es so schön: Was nichts kostet, ist auch nichts wert.

Doch gerade in der Endphase versagen wir als Verkäufer häufig! Wir erkennen nicht die Kaufsignale des Interessenten. Wir machen unnötige Zugeständnisse. Wir haben Angst, die Abschlußfrage zu stellen. Wir befürchten die persönliche Niederlage des Neins.

Wenn wir in den vorherigen Phasen gut waren, ist das Risiko jedoch durchaus begrenzt und der Abschluß wird uns vermutlich gelingen. Der Kunde sagt lieber zu einem sympathischen Gegenüber ja. Er will sein Problem lösen und sein Bedürfnis befriedigen. Also kommen wir zum Abschluß.

Schauen wir uns nun an, wie wir den Verkaufsvorgang, der immer nach dem Muster Kontaktaufnehmen, Präsentieren, Argumentieren, Abschließen bzw. AIDA (Akzeptieren, Interessieren, Drang erzeugen und Abschließen) verläuft, durch ein PISA-System unterstützen können.

Marktbeobachtung

Im Geschäftsleben ist es besonders wichtig, seinen Markt zu kennen. Sie können ein noch so gutes Produkt haben – wenn Sie keine Käufer finden, werden Sie bald Pleite sein.

Genauso ist es im Privatbereich: Wenn Sie persönliches Wissen anzubieten haben, das viele Unternehmen dringend suchen, sind Sie eine gefragte Persönlichkeit.

Bei der Marktbeobachtung kann der Computer wertvolle Hilfestellung bieten. Sie können:

■ externe Datenbanken nach Marktdaten befragen,

■ Archivdatenbanken nach Veröffentlichungen absuchen,

■ Kurs- und Preisübersichten anschauen und ausdrucken,

■ Mitbewerber zum Beispiel über die elektronischen gelben Seiten herausfinden,

■ potentielle Kundenadressen finden.

Kundendatenbank

Besonders günstig ist es, das eigene Umfeld bzw. den eigenen Markt zu personifizieren. Persönliche Bindungen, Vertrautheit mit Kunden und Partnern, das Kennen Ihrer Vorlieben und Schwächen fördern sowohl die eigene Wertschätzung als auch die geschäftlichen Möglichkeiten.

Es empfiehlt sich, eine Kunden- und Interessentendatenbank zu führen. Diese sollte weit über die üblichen Telefonlisten und Adreßkarteien hinausgehen (siehe hierzu auch das Kapitel über Adreßdatenbanken). Sie muß persönliche Vorlieben, Bedürfnisse, bisherige Aufträge, Hobbies und Jubeltage enthalten. Wichtig ist, daß alle interessanten Daten auf elegante Weise in unseren Computer gelangen und dort dauerhaft zur Verfügung stehen. Folgende Möglichkeiten der Erfassung und Pflege sind denkbar:

■ Erfassung von Adressen aus Visitenkarten,

■ Erfassung aus Briefanschriften,

■ Erfassen beim Telefonieren,

■ Erfassen alter eigener manueller Unterlagen,

■ Kauf von elektronisch gespeicherten Adreßlisten.

Eine Verbindung mit dem persönlichen Zeitplanungssystem und Kalender bietet sich an, da dort die Informationen während der

Verkaufsvorgänge bereitstehen müssen, andererseits neue Informationen im Tagesgeschäft anfallen, die dann in die Kundendatei einfließen sollten.

Aufbau von Vertriebswegen

Wir haben nun unseren Markt beobachtet und auch Kunden in unserer Datenbank erfaßt. Um Vertriebswege aufzubauen, sind folgende Hilfen vom Computer zu erwarten:

■ Serienbriefe für Direktmailings erstellen,

■ Anzeigen texten, designen und veröffentlichen,

■ Mitteilungen per Electronic Mail, Fax oder Online-Dienst verbreiten.

Dabei dürfen wir uns keinen Illusionen hingeben, wieviel Antworten wir auf Massen-Versendungen erhalten. Wie in der Einleitung bereits erwähnt, ist Verkaufen eine sehr persönliche Sache. Daher ist es besser, potentielle Kunden direkt anzusprechen.

Das Telefon als Vertriebsweg hat sich als ein besonders effektives und effizientes Medium erwiesen. Es ist zum Beispiel um ein vielfaches kostengünstiger, einem Interessenten direkt am Telefon das eigene Angebot zu erläutern, als es auf Papier darzustellen, zu versenden und vom Kunden entkoppelt auf Antwort zu warten. Auch die Besuche mit An- und Abfahrtzeiten sind meist sehr viel aufwendiger. Rüsten wir uns also mit einem entsprechenden computergestützten Telefon-System aus. Noch wichtiger ist allerdings, daß wir das Verhalten beim Telefonieren selbst beherrschen.

Verkauf der eigenen Arbeitskraft

Selbstdarstellung erarbeiten
Die meisten Leute sind in einem Unternehmen angestellt. Um ei-

ne Stelle zu bekommen, müssen sie sich zunächst selbst präsentieren und verkaufen.

Für die erste Bewerbung und beim Wunsch nach einem Stellenwechsel müssen Bewerbungsunterlagen erstellt bzw. überarbeitet werden. Diese umfassen in der Regel: Anschreiben, Lebenslauf, Selbstdarstellung, Zeugnisse der Schulen, Zeugnisse früherer Arbeitgeber, Arbeitsproben.

Diese Unterlagen können zum großen Teil per Computer erstellt und verwaltet werden. Insbesondere ist es gut, seinen Lebenslauf nicht jedesmal neu zu verfassen, sondern im Computer fortzuschreiben. Die eigene Professionalität wird durch optisch gut aufbereitete Bewerbungsunterlagen dargestellt – hier muß das Papier, die Druckqualität, die Seitenaufteilung, die Formulierung bis hin zum Umschlag stimmen.

Sind diese Unterlagen immer vorrätig, so fällt es viel leichter, spontan auf eine per Zufall gelesene Stellenanzeige zu reagieren. Das Erzeugen und Versenden einer Bewerbung ist dann keine große Mühe. Hin und wieder seinen Marktwert zu testen, und sei es nur durch eine Bewerbung ohne konkreten Änderungswillen, fördert die eigenen Entwicklungschancen und stärkt das Selbstbewußtsein.

Neben der Textverarbeitung sind ein Scanner oder Kopierer und ein guter Drucker von Vorteil, um die Originaldokumente entsprechend vervielfältigen zu können. Sie werden dann die Bewerbung beim Zeitungslesen am Wochenende sofort aus dem Computer herauslaufen lassen.

Aktiv Stellengesuche verschicken
Sind Sie dabei, sich beruflich zu verändern, so warten Sie nicht, bis Ihnen die passende Anzeige in die Hände fällt, sondern werden Sie selbst aktiv – per Massenbewerbung.

Sie filtern die Zielgruppen und Adressen heraus, für die Sie selbst Interesse zeigen und für die Sie einen Nutzen bzw. eine Leistung erbringen können. Diese Zielgruppe wird sich in Ihrer Adreßdatei langsam über die Jahre aufbauen und leicht selektieren las-

sen, wenn Sie entsprechende Vermerke bei den Adressen mit-
führen z. B. den Eintrag: interessante Adresse bei zukünftiger
Neuorientierung.

Sie bewerben sich bei all diesen Unternehmen zeitgleich mit Ihren
kompletten, per Computer leicht individualisierbaren Unterlagen.
Die Rückmeldungen werden wesentlich aufschlußreicher und er-
folgversprechender sein, als wenn Sie sich nur bei einigen wenigen Firmen bewerben. Sie haben eine größere Auswahl, erkennen besser Ihren eigenen Marktwert und lassen Ihr Schicksal weniger vom Zufall bestimmt sein.

Checkliste für Stellensuche
Neben den massenhaft oder auch einzeln verschickten Bewer-
bungsschreiben gibt es weitere Aktionen, sich ins Gespräch zu
bringen. So gibt es ganze Bücher darüber, wie man z. B. Headhunter und Personalberater auf sich aufmerksam macht.

Für sich selbst kann man im Laufe der Zeit vielfältige Ideen sam-
meln, die für die Suche nach einer neuen Stelle interessant sind.
Dies kann gerade in Zeiten einer hohen Arbeitslosigkeit und für
Personen in unsicheren Positionen sehr zur Beruhigung der eige-
nen Nerven, sowie zur Vorbereitung auf Notsituationen dienen.
Nutzen Sie Ihren PC-Speicher für eine entsprechende Ideensammlung.

Einstellungsgespräche vorbereiten
So wie sich Firmen auf Einstellungen intensiv vorbereiten z. B.
durch Organisation von Assessment Centern, in denen die Kandidaten auf Herz und Nieren geprüft werden, so sollten auch Sie
sich für die Einstellungsgespräche präparieren.

Zunächst gilt es, entsprechende Informationen über den Gesprächspartner und das Unternehmen, bei dem man sich bewor-
ben hat, zu sammeln. Hierzu können die Recherche-Möglichkei-
ten des PCs genutzt werden (siehe z. B. CDs mit Firmenprofilen).

Einstellungstests sind entweder Logiktests, bei denen Zeichenrei-
hen fortgeschrieben oder Dreisatz-Aufgaben gelöst werden müssen, oder psychologische Tests, die Ihr soziales Verhalten analy-

sieren. Die Logik kann man mittels Computerprogrammen trainieren. Die eigene Psychologie kann man per Computerprogramm vorab analysieren, sich so seiner Stärken und Schwächen nochmals bewußt werden und sich hierauf im Bewerbergespräch einstellen.

Sollten Kurzvorträge und Diskussionsbeiträge im Assessment Center gefordert werden, so bietet sich die Mind-Map-Methode an, um seine eigenen Gedanken zu strukturieren und zu präsentieren (siehe Kapitel über Wissensaufbau).

Aus Büchern über Einstellungsgespräche kann man die kritischen Fragen in einer eigenen Checkliste herausarbeiten und sich entsprechende Antworten vorab zurechtlegen.

Verkauf von Eigentum und Produkten

Verkaufsunterlagen erstellen
Wollen Sie Eigentum oder eigene Produkte verkaufen, so sind entsprechende Verkaufsunterlagen anzufertigen. Denken Sie z. B. an die Exposés, die Makler von einem Haus verschicken, das verkauft werden soll. In einigen Fällen ist es sogar notwendig, größere schriftliche Angebote zu erstellen. Darin können Produktbeschreibungen, Kalkulationen, Zeichnungen, Referenzen usw. enthalten sein. Hierbei sind neben der Textverarbeitung wieder Tabellenkalkulationen, Datenbanken, Business-Graphiken und DTB-Programme hilfreich.

Produkt präsentieren
Häufig reicht es nicht, sein Produkt schriftlich anzupreisen. Sie müssen es auch präsentieren. Dies kann durch eine Besichtigung erfolgen, aber auch mit einem Vortrag an einem neutralen Ort vor mehreren Interessenten. Eine Produktpräsentation wird – wie alle anderen Vorträge auch – am besten mit dem Computer vorbereitet. Es sind schriftliche Unterlagen zu erstellen und entsprechend der Teilnehmeranzahl auszudrucken. Es können Folien für eine Overhead-Projektion vorbereitet werden. Es kann auch eine Präsentation durch eine Folge von Computerbildern vorgenommen werden.

Für solche Zwecke ist es gut, Bild-, Symbol- und Clipart-Dateien vorrätig zu haben. Das Erstellen der Präsentation erfolgt dann mit sogenannten Animationsprogrammen, mit denen Texte und Graphiken editiert werden können und Bildsequenzen inklusive eleganter Übergänge programmierbar sind.

Argumentationslisten erstellen
Vor einer größeren Verkaufsverhandlung lohnt es sich, eine Verkaufsstrategie zu formulieren und Verkaufsargumente zu sammeln. Bei einer schriftlichen Formulierung ist die Vorbereitung mit Sicherheit intensiver und erfolgreicher. Sie erstellen am besten für jeden wichtigen Verkaufsvorgang eine Liste mit den Vorteilen Ihres Angebotes, mit Antworten auf erwartete kritische Fragen, mit preislichen Verhandlungsspielräumen. Diese Liste kann anschließend Prüfstein für Sie sein, wie gut ein Verkaufsvorgang wirklich gelaufen ist.

Rechnungsschreibung

Nach jedem erfolgreichen Verkauf ist es schön, die Rechnung zu schreiben und das Geld zu erhalten bzw. einzuziehen. Auch hierfür werden Sie natürlich in Ihrem Computer vorsorgen.

Ein vorbereitetes Rechnungsformular wird aufgerufen, die Adresse aus der Adressdatei hineinkopiert, die Verkaufspositionen aufgeführt, die Mehrwertsteuer automatisch errechnet und die Rechnung ausgedruckt. Gleichzeitig wird sie auf Wiedervorlage gelegt, um den Geldeingang zu kontrollieren.

Weitere computerunterstützte Aktionen in diesem Umfeld sind:

■ Mahnungen erstellen,

■ Geldeingang auf Konto überwachen (per Homebanking),

■ Korrespondenz über Reklamationen führen,

■ Werbung für zukünftige Verkäufe betreiben.

Finanz- und Rechnungswesen

Jede Person, jede Familie, jedes Unternehmen muß in angemessenem Umfang und in bestimmten Zeitabständen einen Überblick über die finanzielle Situation haben.

■ Wieviel Vermögen ist vorhanden?

■ Wie hoch sind die etwaigen Schulden?

■ Wie hoch sind die laufenden Einnahmen und Kosten?

■ Stehen Ein- und Ausgaben in einem vernünftigen Verhältnis?

■ Welche Investitionen sind notwendig?

■ Wieviel Geld ist kurzfristig verfügbar?

■ Wie hoch sind die steuerlichen Belastungen?

■ Was passiert im Falle von Vererbung und Scheidung?

Für viele Privatpersonen wird die Beantwortung solcher oder ähnlicher Fragen relativ leicht möglich sein.

Es gibt aber auch Problemkreise, die die Finanzen eines Privathaushaltes ähnlich komplex werden lassen, wie die eines Unternehmens:

■ Einnahmen aus selbständiger Arbeit, die eine Einnahme-Überschußrechnung erforderlich machen.

■ Vermieteter Immobilienbesitz, der eine Abrechnung mit dem Mieter erfordert.

■ Kapitalanlagen, die einer Überwachung und Dokumentation der Zinseinnahmen für die Steuererklärung bedürfen.

- Liquiditätsprobleme und -gefahren durch unstetige monatliche Einnahmen bei gleichzeitig hohen konstanten Fixkosten.

- Kreditaufnahmen zur Finanzierung von Neuanschaffungen.

- Nutzung diverser Zahlungsmittel wie Bargeld, Schecks, Kreditkarten, Daueraufträge und Wechsel.

Um den finanziellen Überblick zu behalten, haben Unternehmen Instrumente entwickelt, die in einfacher Ausprägung auch für den Privatbereich hilfreich sind.

Wir wollen im Folgenden einige dieser Instrumente und deren abgeleiteten analogen Einsatz im Privatbereich diskutieren.

Buchhaltung

Mit einem Werkzeug, das wir Buchhaltung nennen, sollen die Ein- und Ausgaben sowie die kummulierten Vermögens- und Kapitalwerte überwacht werden.

Die Bilanz
Die Bilanz ist eine zusammenfassende Gegenüberstellung von Vermögen und Kapitalwerten zu einem bestimmten Stichtag.

Zum Vermögen gehört das sogenannte Anlagevermögen wie Gebäude, Grundstücke, Wertgegenstände wie Teppiche, Schmuck, Möbelstücke sowie das Umlaufvermögen, das aus vorhandenen Rohmaterialien, unverkauften Fertigerzeugnissen, offenen Forderungen und Geld in der Kasse bzw. auf Bankkonten besteht. Zu den Kapitalwerten zählen das Eigen- und Fremdkapital. In der Bilanz werden also Vermögensgegenstände auf der Aktivseite und seine Kapitalquellen auf der Passivseite in Geld ausgedrückt. Bei einer Bilanz halten sich die Werte der Aktiv- und Passivseite die Waage.

Das Eigenkapital ergibt sich als vorhandenes Vermögen auf der Aktivseite der Bilanz minus dem aufgenommenen Fremdkapital der Passivseite der Bilanz. Durch geschäftliche Aktivitäten wie Lohnzahlungen, Einkäufe, Kreditaufnahmen, Wertminderungen verändern sich die Bilanzpositionen und damit auch das Eigenkapital. Je nachdem ob es in einer Zeitperiode wächst oder schrumpft, wurde gut gewirtschaftet oder ein Verlust produziert.

Die Gewinn- und Verlustrechnung
In der Gewinn- und Verlustrechnung wird der Ertrag dem Aufwand einer Geschäftsperiode gegenübergestellt. Ist der Ertrag höher als der Aufwand, so entsteht ein Gewinn, im anderen Fall ein Verlust. Beides führt in der Bilanz zu der erwähnten Veränderung des Eigenkapitals. Erträge sind z. B. Verkaufserlöse, erhaltener Lohn, Mieteinkünfte und Guthabenzinsen. Aufwände entstehen z. B. durch Einkäufe von Verbrauchsgütern, die nicht als Vermögen in die Bilanz eingestellt werden, durch Zinszahlungen auf Kredite oder durch Wertminderungen (Abschreibungen) von Anlagen.

Die Kontenführung
Unter dieser Begrifflichkeit sollen die Aufzeichnungen der einzelnen geschäftlichen Aktivitäten verstanden werden – was sicher im betriebswirtschaftlichen Sinn nicht völlig korrekt ist.

Wir sollten für unser PISA-System anstreben, mit einem vertretbaren Aufwand Zahlen bereitzustellen, um daraus eine Bilanz und eine Gewinn- und Verlustrechnung für den Privatbereich ableiten zu können. Es geht nicht darum, jede einzelne Ausgabe z. B. in einem Lebensmittelgeschäft aufzuzeichnen.

Je nach Informationsbedarf sind Buchungen in folgender Detailliertheit vorstellbar:

– Gesamtausgaben im Monat: 3 000 DM
– Ausgaben für Haushalt im Monat: 1 000 DM
– Ausgaben für Haushalt im Monat aus der Kasse: 800 DM
– Ausgaben für einen Kuchen: 15 DM

An dieser kurzen Auflistung wird bereits deutlich, daß es auf Dauer wohl kaum einen Nutzen für die private Lebensführung bringt,

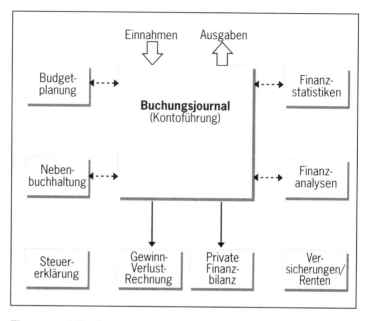

Finanz- und Rechnungswesen

wenn Sie wissen, daß Sie am Montag den 01.11.93 einen Kuchen für 15 DM eingekauft haben. Vielleicht sollten sie aber über die Jahre die Entwicklung Ihres Haushaltsgeldes beobachten. Mindestens aber brauchen Sie die jährlichen Gesamteinnahmen und -ausgaben, sowie die Anlagewerte und Kontostände, um Ihre persönliche Bilanz und G+V zu erstellen.

Für einzelne Geschäftszweige wie Vermietung von Immobilien oder gewerbliche Aktivitäten können sogenannte Nebenbuchhaltungen geführt werden. Am Ende einer Zeitperiode werden dann nur die konsolidierten Werte in die Hauptbuchhaltung übernommen.

Die Realisierung
Auf dem Markt gibt es neben den professionellen Finanzbuchhaltungsprogrammen für Firmen zwischenzeitlich auch Angebo-

te für den Privatbereich. Interessant erscheint auch die Implementierung im eigenen Tabellenkalkulationsprogramm.

Über ein Rechentableau analog den früheren Finanzjournalen kann mit einigen wenigen Eintragungen, die z. B. in einer Stunde pro Monat vorzunehmen sind, eine effektive private Buchhaltung erreicht werden.

Einmalig bei Aufnahme der Buchhaltung ist eine Eröffnungsbilanz zu erstellen:

■ Eintrag der Ausgangswerte für die einzelnen Konten,

■ Eintrag der Vermögenspositionen (Anlagevermögen),

■ Eintrag der aufgenommenen Kredite (Fremdkapital).

Anschließend sind wöchentlich oder monatlich die wichtigsten Geldbewegungen zu dokumentieren:

– Einnahmen,
– Ausgaben,
– Anschaffung oder Verkauf von Vermögensgegenständen,
– ggfs. Wertminderungen von Vermögenswerten,
– Konto-Umbuchungen
  (z. B. Geldabheben von Girokonto für die Kasse).

Nach den Buchungen sind die Kontostände im Tableau mit dem tatsächlichen Geld z. B. in der Kasse (Bargeld) und auf dem Bankkonto zu vergleichen. Sind geringe Abweichungen vorhanden, so empfiehlt es sich, über den Differenzbetrag eine Buchung Sonstiges einzutragen. Sind die Differenzen größer, so sollte nochmals nachgedacht werden, ob nicht größere Anschaffungen oder Ausgaben vergessen wurden. Zum Abschluß eines Abrechnungszeitraums, wie z. B. eines Monats, sind folgende Aktivitäten durchzuführen:

– Übertragung von Periodenergebnissen in Statistiken,
– Ausdruck eines Monatsblattes,

- Übertrag des Gewinnes/Verlustes in das Eigenkaptial,
- Übertragung aktueller Kontostände in Ausgangswerte,
- Löschen der Buchungen der Periode.

Homebanking

Unter Homebanking versteht man die Möglichkeit, direkt von zu Hause über PC und entsprechende Telekommunikationsverbindungen bei der Bank den jeweiligen Kontostand abzufragen, Kontobewegungen auszudrucken sowie Geldtransaktionen und Buchungen durchzuführen.

Bei dieser Zugriffsmöglichkeit auf das eigene Konto bestehen Vorteile sowohl für die Bank als auch für die Kunden: Unabhängigkeit von Öffnungszeiten, Einsparung von Wegezeiten und Personal, elektronische Übernahme der Bankbuchungen in die eigene Buchhaltung, Zusammenfassung logisch zusammengehörender Aktivitäten – wie z. B. elektronische Bestellung und Zahlung, permanente Überwachungsmöglichkeit der eigenen Kontostände, hoher Datenschutz, da kein Bankangestellter die Zahlungen mitbekommt.

Das Homebanking zeigt sich seit einiger Zeit wachsender Beliebtheit. Es war und ist eines der Hauptanwendungsgebiete im BTX bzw. Datex-J. Sicher wird es auch im Rahmen der Gesamtfunktionen einer individuellen persönlichen Datenverarbeitung einen herausragenden Platz einnehmen.

Budgetplanung und Kontrolle

Zur Planung der Finanzen empfiehlt es sich, die periodisch wiederkehrenden Einnahmen und Ausgaben sowie die geplanten sonstigen Einnahmen und Ausgaben in einer eigenen Tabelle darzustellen. Dabei ist häufig nur mit Durchschnittswerten zu operieren. Eingestellt werden können auch größere geplante Investitionen, Vorhaben, Urlaubsbudgets, Sondereinnahmen usw.

Die einzelnen Positionen sollten auf Jahresquartale, besser aber noch auf Monate verteilt werden, um die jeweilige Liquidität abschätzen zu können. Dies ist z. B. notwendig, um Kontoüberziehungen zu vermeiden und Finanzanlagen zeitgerecht terminieren zu können.

Dieser Budgetplanung kann man am Ende einer Abrechnungsperiode die IST-Werte gegenüberstellen.

Die Abweichung zeigt dann, ob man sparsam und gemäß den eigenen Vorstellungen mit seinen Finanzen umgeht, oder ob sich die Dinge anders als erwartet entwickeln.

Finanzstatistiken

Je nach Bedarf und Zahlenverliebtheit sind aus Buchhaltung und sonstigen Aufzeichnungen wie Lohnabrechnungen, Steuererklärungen oder Hausgeldabrechnungen diverse Statistiken zu extrahieren.

Folgende am besten in graphischer Form darzustellende Übersichten sind u. a. denkbar:

- Entwicklung von jährlichen Einnahmen, Ausgaben und Gewinnen,

- Entwicklung des Brutto-/Nettogehaltes sowie der Steuern,

- Entwicklung einzelner Kostenpositionen,

- Entwicklung der Vermögenswerte (z. B. Wertentwicklung von Häusern oder Aktien).

Diese Statistiken sollten einen Nutzen haben – es sollten Schlüsse aus dem Zahlenmaterial zu ziehen sein, die demjenigen, der sich die Arbeit der Statistikerstellung macht, Vorteile verschafft. So könnte z. B. die Gehaltsentwicklungskurve in der Argumentation über eine Gehaltserhöhung verdeutlichen, daß wieder einmal ein kräftiger Zuschlag fällig ist.

Die Statistik über die gezahlten Steuern könnte Anlaß geben, über steuersenkende Maßnahmen, Investitionen oder Steuerberaterwechsel nachzudenken.

Die Darstellung der eigenen Vermögenssituation und -entwicklung könnte genutzt werden, um in die Zukunft zu extrapolieren und Zeitpunkte für größere private Veränderungen zu bestimmen, ohne die finanzielle Absicherung zu verlieren. Im Extremfall können sich reiche Leute ausrechnen, wann eine monatliche Geldentnahme aus den Rücklagen bzw. die laufenden Zinseinnahmen die Lebenshaltungskosten decken und damit einen Ausstieg oder eine Frühpensionierung ermöglichen.

Es soll aber auch klar herausgestellt werden, daß Statistiken in hohem Maß eine Art Selbstbefriedigung darstellen. Sie zeigen, wie toll man sich entwickelt hat, wieviel man verdient, wie hoch das eigene Vermögen ist. Sie zeigen schöne Graphiken, die man sich wie ein Bilderbuch von Zeit zur Zeit anschauen kann. Sie eignen sich zum Spielen und Experimentieren, in dem man ihnen neue Formen gibt oder ihre Inhalte erweitert. Wer hat nicht gerne von Zeit zu Zeit mit Statistiken herumgespielt oder versucht, mit Statistiken Argumentationen zu unterstützen – frei nach dem Motto: Glaube jeder Statistik, die du selbst erstellt hast. Also gönnen wir uns den Spaß der Finanzstatistiken.

Steuererklärungen

Bei den Steuererklärungen kann der PC an vielen Stellen hilfreich sein. Für die Erstellung der Unterlagen für das Finanzamt ist ein PC einsetzbar. Er hilft beim Ausfüllen der Steuererklärung und Drucken der ausgefüllten Formulare, beim Aufbereiten von Anlagen und beim Aufsummieren von Belegen. Es gibt eine Reihe von Programmen zur Einkommensteuererklärung. Besonders wichtig erscheinen hier folgende Auswahlkriterien:

- Steuerliche Korrektheit,

- vorweggenommene Steuerberechnung.

- möglichst umfassende Funktionalität,

- Bedrucken der Steuerformulare,

- Verständlichkeit für den Nichtfachmann,

- Sammlung von Ideen und Hinweisen,

- einmalige Eingabe der Grunddaten – auch für Folgejahre,

- Lieferant, der ein jährliches Update und eine längerfristige Präsenz auf dem Markt garantiert,

- Nutzung des Programmes oder der Programmergebnisse auch beim Steuerberater.

Wenn Sie weiterhin mit einem Steuerberater zusammenarbeiten wollen, sollten sie vor der Nutzung eines eigenen PC-Programmes mit Ihrem Steuerberater Rücksprache halten, um Doppelarbeiten zu vermeiden und die Informationsaufbereitung abzustimmen. Immer wieder machen sich Privatleute viel Arbeit, Steuererklärungen auf heimischem PC säuberlichst vorzubereiten – und deren Steuerberater beginnen dennoch nach Erhalt der Unterlagen auf Ihrem eigenen System nochmals von vorne.

Versicherungen und Renten

Neben der Dokumentation der aktuellen Finanzsituation und der steuerlichen Sicht soll die Vorsorge und Versicherung transparent gemacht werden. Versorgungslücken und Risiken müssen aufgezeigt werden, damit wir entsprechend agieren können. Listen Sie daher alle Risiken auf, die Sie für sich und Ihre Familie sehen.

Halten Sie die bestehenden Versicherungen dagegen. Und entscheiden Sie dann aktiv, welche der noch offenen Risiken Sie durch eine Versicherung abdecken möchten. Auch die Überversicherung ist durch eine solche systematische Aufschreibung schnell erkannt und kann behoben werden.

Ebenso ist eine Rentenaufstellung zu führen. Darin enthalten sein sollten die voraussichtlichen Bezüge, mit denen in verschiedenen Rentensituationen zu rechnen ist, so etwa mit der Altersrente, Hinterbliebenenrente und der Berufsunfähigkeitsrente.

Notieren Sie jeweils grob die Höhe des zu erwartenden Finanzbedarfes in diesen Fällen, die zu erwartenden Bezüge aus der gesetzlichen und privaten Rentenversicherung sowie von sonstigen vorhandenen Geldquellen. Sie gewinnen dadurch wiederum Übersicht und erkennen Ihren Handlungsbedarf. Die Versicherungs- und Rentenunterlagen selbst sind natürlich wie bisher in entsprechenden Ordnern aufzubewahren.

Weitere Finanz-Abrechnungen und -analysen

Je nach privatem Bedarf sind weitere Aufzeichnungen wichtig:

■ Gehalts- und Tantiemenabrechnung,

■ Einnahmen-/Überschußrechnung von Nebeneinkünften,

■ Fahrtenbuch und Spesenabrechnung,

■ Depotverwaltungen für Wertpapierbestände.

Für einige Situationen besteht der Bedarf nach speziellen Analysen, die zur Entscheidungsfindung für größere Investitionen oder Finanzanlagen herangezogen werden. Dies können sein:

■ Baufinanzierungsanalyse,

■ Sparplan-Analysen,

■ Rentenanalyse,

■ Portfolio-Analysen für Anlagedepots.

Geben Sie sich in Zukunft nicht mehr zufrieden mit den Schmier-
zetteln, die Ihnen mitunter immer noch am vertrauten Schalter
der Hausbank geboten werden. Lassen Sie sich erläutern, wie die
Bank rechnet, welche Gebühren anfallen und wie sich Ihr Gutha-
ben bei verschiedenen Anlageformen voraussichtlich entwickelt.
Sie haben sich auch schnell in Ihrer Tabellenkalkulation eine eigene Übersicht verschafft und können damit Ihre weiteren Überlegungen untermauern.

Leben, Gesundheit, Essen und Wohnen

Im folgenden Abschnitt wollen wir die lebensnotwendigen Grund-
bedürfnisse im Hinblick auf unser Informatik-Konzept diskutieren.

Dabei ist die Gesundheit von elementarer Bedeutung für unser Leben, so daß sie auch in unserer Informationsverarbeitung eine
deutliche Berücksichtigung findet. Die Information, wie es um unsere Gesundheit steht, wie sie sich entwickelt, welche Vorsorge
getroffen werden kann und wo im Krankheitsfall Hilfe zu finden
ist, kann beruhigen, helfen und im Extremfall sogar Leben retten.
Unter aktiver Gesundheitsvorsorge wollen wir den Sport anspre-
chen, jedenfalls soweit es der körperlichen Ertüchtigung dient. No
Sports oder Sport ist Mord – diesen Prinzipien können wir dabei
natürlich nicht folgen.

Eng verbunden mit unserer Gesundheit ist die Ernährung. Es gilt,
Informationen über Essen und Trinken bereitzustellen. Dies kann
von Ernährungsplänen bis zum Inhalt unseres Weinkellers reichen. Dabei sieht man schnell, daß hierbei Anforderungen auftreten, die einerseits auf Lebensnotwendigkeiten ausgerichtet sind,
andererseits auch sehr stark von persönlichen Genüssen abzuleiten sind.

Ähnlich ist es mit dem Punkt Wohnen.

Gesundheit und Fitneß

Im ersten Ansatz kommen wieder unsere Statistik-Freunde zum Zuge. Wie wäre es, im Computer einige Kennzahlen zur körperlichen Entwicklung zu führen und graphisch aufzubereiten. Als Daten kommen in Frage: Körpergröße, Brust- und Bauchumfang, Gewicht, Puls, Blutdruck, Cholesterin, weitere Werte z. B. des Blutbildes.

Als indirekte Daten des Gesundheitszustandes können sportliche Leistungsdaten dargestellt werden: Anzahl der Klimmzüge, Anzahl der Liegestützen, Zeit für 100 m Lauf, Zeit für 1000 m Lauf, Weitsprung, Kugelstoßen, Zeit für 300 m Schwimmen. Zu wählen sind solche Kenngrößen, die jahrelang zu ermitteln sind. Natürlich ist das erst richtig interessant, wenn die Daten wenigstens teilweise seit der Kindheit auf Papier vorliegen und periodisch fortgeschrieben werden.

Für die kleinen Familienmitglieder sollten sie direkt im Computer gesammelt werden. Erstens ist das jedesmal ein Spaß, wenn man dem fünfjährigen Filius vorschlägt, man wolle wieder seine Größe feststellen und im Computer eintragen. Zweitens werden es mit zunehmendem Lebensalter interessante Entwicklungskurven. Vergleicht man sie mit statistischen Durchschnittswerten, so hat man vielleicht sogar frühzeitig eine Vorstellung, wie groß oder schwer der Nachwuchs einmal werden wird.

Krankheitslisten

Als negative Beschreibung der Gesundheit sind Aufzeichnungen über Krankheiten und Krankheitsverläufe interessant und werden häufig von Ärzten bei der Diagnose abgefragt.

Krankheitsübersicht
Schreiben Sie daher auf: Datum der Erkrankung, Krankheit, Verlauf, Dauer, Art der Behandlung, Medikamente, behandelnder Arzt/Klinik, Kommentare.

Krankheitsverlauf

Wenn es der Gesundheits- bzw. Krankheitszustand erlaubt, können Sie auch detailliertere Aufzeichnungen, etwa wie sie die Ärzte in der Patientenmappe im Krankenhaus führen, selbst anlegen. Notieren sollten Sie pro Tag z. B.: ärztliche Maßnahmen, allgemeines Befinden, Fieber abends und morgens, Stuhlgang, Essen, Medikamente.

Gesundheitsordner

Bei Krankenhausaufenthalten gibt es für Ihre Unterlagen Operationsberichte und Befunde, bei Knochenbrüchen Röntgenaufnahmen, von Hausärzten Laborberichte z. B. über Ihr Blutbild. Auch solche Aufzeichnungen lohnt es sich in einem Gesundheitsordner aufzubewahren. Die Unterlagen sind nach Datum sortiert abzulegen.

Medizinisches Grundwissen

Das Doktor-Buch

Die erste Diagnose im Falle eines Unwohlseins wird meistens im Kreise der Familie zu treffen sein. Wenn die Nase tropft, wird man auf eine Erkältung schließen. Wenn die Muskeln schmerzen, wird es ein Muskelkater vom letzten Training sein. Aber was ist, wenn die Symptome nicht eindeutig sind und wir nicht auf eine bekannte Krankheit schließen können?

Dann hat wohl jeder sein Doktor-Buch zu Hause oder einen guten Arzt, den er schnell um Rat fragen kann. Zunehmend gibt es auf CD-ROMs gespeichertes medizinisches Wissen für den Hausgebrauch. Wegen der multimedialen Darstellungen und interaktiven Führung bei der Eigendiagnose bietet sich hier ein interessanter Weg zu einer besseren und frühzeitigen Selbsteinschätzung. Gleichzeitig sei jedoch bemerkt, daß diese Werke natürlich niemals die individuelle, sorgfältige Untersuchung durch einen Arzt ersetzen können. Sie selbst können keine Tomographie oder Magenspiegelung vornehmen.

Andererseits gibt es zunehmend elekronische Geräte auf dem Markt, die für bestimmte Krankheiten den Blutdruck, Zuckerspiegel oder das Cholesterin überwachen helfen. Zur Vorsorge und Gesundheitsbeobachtung werden Instrumente für den Privatgebrauch angeboten. Es geht schon soweit, daß Toiletten zu Minilabors mit Stuhlentnahme und -analyse hochgerüstet werden.

Notfallrufnummern, Krankenhäuser und Ärzte
Es gilt stets, auch für unglückliche Situationen gerüstet zu sein. Wenn im Ernstfall Hektik, Nervosität und Schmerzen dazukommen, ist es wichtig, die richtigen Informationen in schnellem, unkomplizierten Zugriff zu haben:

■ Welche Telefonnummer hat mein Hausarzt?

■ Wie kann ich einen Sanitätswagen anfordern?

■ Wer hat am Wochenende Bereitschaftsdienst?

■ Wo sind die naheliegenden Unfallkrankenhäuser?

■ Welcher namhafte Arzt ist für meine Krankheit in der Umgebung erreichbar?

Natürlich ist es unsinnig, all diese Informationen im Computer verwalten zu wollen, aber sich einmal ernsthaft zu fragen, ob man im Bedarfsfall die Informationen hat bzw. wo sie zu finden sind, dies sollte schon im Rahmen unseres persönlichen Informationsverarbeitungskonzeptes mit untersucht werden.

Essen und Trinken

Über das Essen und Trinken wird ständig geschrieben, geredet und gesungen. Immer werden Informationen ausgetauscht und verbreitet. Was davon kann für unsere persönliche Informationsverarbeitung zu Nutzen gemacht werden – und was dient lediglich der eigenen Unterhaltung?

Gerichteverzeichnis
Sicher haben Sie schon einmal in der Familie die Frage gehört:

Was wollen wir denn morgen mittag essen. Meist sind zehn bis zwanzig Gerichte sofort vor dem geistigen Auge vorhanden – die Standardgerichte der Familie.

Aber es gibt sicher noch eine ganze Reihe von Speisen, die nur selten auf den Tisch kommen und doch gut und lecker schmecken. Also wird überlegt, was man mal wieder kochen könnte. Die Fortschrittlichen dagegen haben ein Verzeichnis der Gerichte, die im Repertoire des Familienkoches vorhanden sind. Ein Blick genügt und für Abwechslung beim Mittagstisch am nächsten Tag ist gesorgt.

Rezepte
Für Hobbyköche ist das Erfinden und Erproben neuer Rezepte sicher von höchstem Reiz. Um die neuen eigenen Kreationen auch wiederholt hervorbringen zu können, empfiehlt es sich, einige Notizen und Aufzeichnungen vorzunehmen – am besten natürlich im PC. Sicher können hier auch Rezepte festgehalten werden, die man in Zeitschriften liest oder vom Nachbarn erzählt bekommt. Weniger aufwendig und häufig anregender ist jedoch das Bereithalten einiger schöner bunter Kochbücher und das Sammeln von Kochrezepten aus Zeitungen in einem eigenen Ordner.

Weinkarte
Für Weinkenner oder solche, die es werden wollen, ist ein wohlsortierter Keller mit einigen edlen Tropfen das, was das Herz begehrt. Obwohl der Experte sicher hunderte von Weinen im Kopf hat, könnte eine Liste der gelagerten Weine mit einigen Merkmalen und vielleicht auch Geschichten hilfreich sein.

Speisepläne
Für diejenigen, die möglichst alles im voraus planen, aber auch für die, denen es nur einmal in der Woche möglich ist, Lebensmittel einzukaufen, sind mehrtägige Speisepläne hilfreich, in denen je nach Detailliertheit pro Tag und Mahlzeit die Speisen und deren Zutaten vermerkt sind. Man kann diese Information koppeln an den Inhalt des Vorratsschrankes, sich daraus Einkaufszettel ableiten und das zum Einkauf notwendige Kleingeld berechnen. Doch treiben wir auch hier die informatorische Unter-

stützung unserer täglichen Lebensführung nicht zu weit – sonst wird sie schnell zum unsinnigen Ballast.

Gesund ernähren
In Kliniken und Kantinen werden zunehmend Computerprogramme eingesetzt, die ganze Speisepläne automatisch erstellen, auf Ihre gesundheitliche Zusammensetzung überprüfen und optimieren sowie alle Folgeaktivitäten automatisieren.

Auch für den Privatbereich gibt es Programme zur perfekten Ernährung – eine gute Nachricht, wenn man bedenkt, daß fast 80 Prozent der Deutschen an ernährungsbedingten Störungen und Krankheiten leiden. Die Programme unterstützen das Abnehmen und die Umstellung der Essgewohnheiten. Sie fördern das Verständnis um die Zusammenhänge der Ernährung und machen das zeitaufwendige Blättern und Suchen in Kalorientabellen und Ratgebern überflüssig.

Eine Fülle professioneller Werkzeuge wie Planungen, Nahrungsmittelkombinationen, frei festlegbare Sollwerte, Kalorienberechnungen zum tatsächlichen Energiebedarf, Analysen und Auswertungen unterstützen Behandlungen und Prophylaxen ernährungsbedingter Krankheiten.

Lokalitäten
Wer geht nicht gerne von Zeit zu Zeit auswärts essen – in ein nettes kleines Hotel, in ein ausländisches Restaurant, in eine gutbürgerliche Gaststube oder in einen Gourmettempel. Hier kann es wiederum lohnen, sich eine kleine Liste aufzubauen, mit den Empfehlungen der Lokalitäten, die man gerne wieder aufsucht oder die man seinen Freunden empfehlen kann.

Auch das Sammeln von Visitenkarten oder Speisekarten bringt in diesen Fällen manche Vorfreude auf spätere Gaumenfreude.

Wohnen
Im Laufe unseres Lebens werden wir uns an verschiedenen Orten eine Wohnung einrichten, sei es zur Miete oder in den ei-

genen vier Wänden. Ob in einem Haus mit Garten und Swim-
mingpool, in einer Mietwohnung oder in einer Studentenbude,
immer gilt es, zu seiner Bleibe Informationen und Dokumente
zur Verfügung zu haben bzw. aufzubewahren. Kommen wir zu
etwas Wohlstand und legen uns weitere Immobilien zu, so gilt
das meiste der folgenden Ausführungen auch für diese Kapitalanlagen.

Dokumente
Nachfolgende Dokumente, Verträge und Unterlagen sollten pro
Objekt in einem eigenen Haus- bzw. Wohnungsordner aufbewahrt
werden:

– Kauf- oder Mietverträge,
– Grundbuchauszüge,
– Einheitswertbescheide,
– Versicherungsnachweise (insbesondere Brandversicherung),
– Teilungserklärungen bei Eigentumswohnungen,
– Lagepläne und Grundrisse,
– Fotos,
– Hausordnungen,
– Bauzeichnungen,
– Baubeschreibungen,
– Finanzierungsunterlagen,
– Instandhaltungsunterlagen.

Wohnungsübersicht
Wieder etwas für die Statistiker unter Ihnen ist eine Liste im PC,
die die Stationen Ihres Lebensweges anhand Ihrer Wohnungen
beschreibt. Sie sollte folgende Eintragungen enthalten:

– Adresse,
– Einzugsdatum,
– Auszugsdatum,
– qm-Anzahl,
– Art der Wohnung,
– Kauf- bzw. Mietpreis,
– weitere Informationen.

Inventarübersicht

Innerhalb der Wohnung ist das Inventar aufzulisten. Dies ist insbesondere vorteilhaft, für den Fall von Einbrüchen, Bränden und sonstigen Schadensfällen. Gleichzeitig kann diese Liste auch in die Vermögensübersicht (siehe Kapitel Finanzen) einfließen. Aufzulisten sind allerdings nur Gegenstände ab einem bestimmten Wert (z. B. DM 1000) sowie Dinge, die einen hohen persönlichen Wert in sich tragen. Die Liste könnte wie folgt gegliedert sein:

– Gegenstand,
– Gerätenummer,
– Kaufdatum,
– Kaufpreis,
– Lieferant,
– Kurzbeschreibung,
– Aktueller Wert.

Für die Aggregate und Geräte, die in einer Wohnung eingebaut oder aufgestellt sind, gilt es weiterhin die Bedienungsanleitungen aufzubewahren. Separat sollten auch Rechnungen und Garantiescheine abgelegt werden.

Elektronischer Grundriß

Zunehmend interessant ist es, den Grundriß des Hauses und der Wohnung im PC abgespeichert zu haben. Es kann dann dort das Stellen der Möbel ausprobiert werden. In neueren und zukünftigen Programmen kann sogar in einer dreidimensionalen farbigen Darstellung die komplette Inneneinrichtung nachgestellt und Veränderungen simuliert werden. Besonders hilfreich ist dies, wenn das Objekt erst noch gebaut werden soll. In dieser Planungsphase sollten die Bauzeichnungen am besten elektronisch zwischen Architekt und Bauherr hin- und herwandern. Gleiches gilt für Kücheneinrichtungen, Heizungs-, Sanitär- und Elektroinstallationen, Tapeten und Wandfarben, Beleuchtungen und Gartenanbau.

Elektronische Steuerungen

In einer Wohnung bzw. in einem Haushalt gibt es zunehmend Geräte, in denen elektronische Steuerungen eingebaut sind. Wir können über Schalter und manchmal auch schon Displays unsere Einstellungen vornehmen. Doch dies ist oft recht kompliziert und bedarf eines genauen Studiums der Bedienungsanleitung.

Die Inbetriebnahme und Bedienung der Geräte erfolgt meist manuell und auch das Abschalten funktioniert auf Knopfdruck. In welchem Haushalt sind aber nicht schon einmal Geräte stunden- oder tagelang in Betrieb gewesen, ohne daß sie genutzt wurden. Wer Energie, Kosten und Umwelt schonen will, sollte über ein computergesteuertes Elektrogeräte-Managementsystem nachdenken. Folgende Geräte und Installationen sind zu berücksichtigen:

– Heizung und Warmwasser,
– Küchengeräte insbesondere Herd und Backofen,
– Waschmaschine,
– Video- und HiFi-Anlage,
– Rolläden,
– Licht und Beleuchtung,
– Bewässerung im Garten,
– Gebäudesicherung.

Es bietet sich an, diese Stand-Alone-Systeme mit den Möglichkeiten unseres PCs zu verbinden. Dieser sollte eine intelligentere und benutzerfreundlichere Bedienung und Steuerung ermöglichen.

Erste Erfolge gibt es schon.

■ Der PC wird als FAX-Gerät benutzt.

■ Der PC wird zum Wählen von Telefonnummern mit der Telefonanlage verkabelt.

■ Der PC hat Weckeinrichtungen in viele Terminplanungsprogramme eingebaut.

■ In Baukastensätzen für Kinder wird der PC zum Ansteuern von Kurbeln und Motoren genutzt.

■ HiFi-Anlagen, Musikinstrumente und Computer bilden für den modernen Musiker schon lange eine Einheit.

■ Interaktives Fernsehen ist in aller Munde.

Es erscheint nur eine Frage der Zeit, wann eine Verbindung in größerem Stil erfolgt. Dabei sind zwei Wege denkbar.

■ Der PC und benutzerfreundliche Programme werden zum Einstellen von individuellen Bedürfnissen genutzt. Die Einstellung wird anschließend auf Diskette gespeichert und diese dann z. B. in der Heizung in ein Laufwerk eingelesen.

■ Ein anderer Weg ist, den Heim-Computer mit den einzelnen Aggregaten zu vernetzten und dann die Steuerung online über den PC vorzunehmen. Um für die Vernetzung im Haus keine Kabelschächte aufmeiseln oder anbringen zu müssen, sind drahtlose Funk- oder Infrarot-Verbindungen vorstellbar. Auch das vorhandene Stromnetz kann zu einem Informationsnetz erweitert werden.

Persönlichkeitsentwicklung

Jeder Mensch möchte sich wohl in irgendeiner Form weiterentwickeln. Zunächst geschieht die Entwicklung als Kleinkind fast spielerisch, dann in der Schule etwas mehr mit Druck, im Studium als das freie Forschen und Selbstverwirklichen sowie später als Notwendigkeit, um im Beruf zu bestehen. Natürlich denken wir beim Lernen zunächst an faktisches Wissen. Es wird Wissen vermittelt und aufgenommen. Das Gelernte wird eingeübt und praktisch umgesetzt, der aktuelle Wissensstand wird überprüft und getestet. Die Lehrbücher, -stoffe und -aufzeichnungen werden gesammelt und archiviert.

Dabei kommt es nicht nur auf das reine Faktenwissen an. Es wird auch versucht, die eigene Persönlichkeit zu entwickeln. Wie können Kommunikation, soziale Kompetenz, Konfliktfähigkeit, Teamarbeit und ähnliches verbessert werden? Eine weitere Dimension besteht darin, den Lernvorgang selbst zu verbessern. Wie gelingt es, schneller zu lernen, mehr zu behalten, Fakten schneller präsent zu haben, den eigenen Schweinehund zu überwinden und fleißig zu sein?

Da die Informatik sich genauso wie die Persönlichkeitsentwicklung mit Information und Kommunikation befaßt, ist sofort klar, daß hier ein breites Einsatzgebiet für unsere PC-Nutzung liegen muß.

Lernprogramme und Training

Bereits heute kann fast für jedes Fachgebiet und Thema ein Lernprogramm am Markt gefunden werden. Es gibt:

■ Lernprogramme für fast alle Standardsoftwarepakete,

■ Sprachkurse und Vokabeltrainer,

■ Grammatik-Übungen,

■ Schreibmaschinenkurse,

■ Strategiespiele.

Viele dieser Programme sind didaktisch und pädagogisch noch nicht sonderlich gut gelungen. Es wird eine deutliche Verbesserung für die Zukunft erwartet.

In multimedialen Lern-Programmen werden jedoch bereits z. B. heute bei einem Sprachkurs die Worte über die Lautsprecher wiedergegeben, per Mikrofon die eigene Aussprache aufgezeichnet und dann zur Prüfung wieder abgehört. In Montageanleitungen werden die Arbeitsvorgänge in Video-Sequenzen dargestellt. Jeder kann sich die für seinen Bedarf notwendigen Lernprogramme beschaffen oder ausleihen.

Trainer und Coach

Zum Lernen und zur persönlichen Weiterentwicklung brauchen wir einen Trainer, der neben uns steht, uns anstachelt, uns fordert und unseren Leistungsfortschritt aufzeichnet.

Auch in dieser Rolle kann der PC Teilfunktionen übernehmen:

- Im Terminkalender kann das Lernen geplant und überwacht werden,

- mit dem PC kann man spielerisch lernen,

- Statistiken können den Lernfortschritt aufzeichnen,

- Wiederholungen können automatisch angestoßen werden,

- Tips können in die tägliche Arbeit eingestreut werden,

- Tests und Testergebnisse können den Lernerfolg abfragen.

Dabei hat der PC den Vorteil, daß wir ihn letztlich selbst steuern und ausschalten können.

Wissensdatenbanken

Ich brauche nicht alles zu wissen – die Hauptsache ist, ich weiß, wo es steht! So oder ähnlich denken viele Menschen, denn die Flut des Wissens, das sich nach wissenschaftlichen Berechnungen jeweils in wenigen Jahren verdoppelt, kann selbst von Experten mit einem eng begrenzten Fachgebiet kaum noch aufgenommen werden.

Wie wird nun der Wissenszugang für die einzelne Person im Rahmen des Informatik-Konzeptes zu organisieren sein? Welche Möglichkeiten und Archive stehen zur Verfügung bzw. sollten aufgebaut werden?

Wie in unserem Gehirn, wo wir zwischen Kurz- Mittel- und Lang-
zeitgedächtnis unterscheiden, gibt es Speichermedien, die sich
wie Schalen um jede Person herumlegen:

■ Das Wissen im eigenen Kopf,

■ das Wissen, das in eigenen Aufzeichnungen existiert,

■ das Wissen, das in selbst gesammelten Artikeln, Büchern und
Dokumenten enthalten ist,

■ das Wissen, das bei Bedarf extern besorgt werden kann z. B.
durch das Ausleihen oder Kaufen von Büchern oder das Abrufen aus einer öffentlichen Datenbank.

Es wird sehr schnell klar, daß der eigene PC in diesem Know-how-
Umfeld eine eingeschränkte, aber doch wichtige Aufgabe übernehmen kann. Das eigene, im Kopf gespeicherte Wissen wird man
kaum in den PC überführen können. Eigene Aufzeichnungen existieren in so vielfältiger Form, daß man nur einen Bruchteil mit
vertretbarem Aufwand in den PC bekommt. Aber Recherche-
fähigkeit, weltweiter Zugriff und Präsentationsmöglichkeit von
Wissen sind nur mit Hilfe des PCs in der heute gewünschten Qua-
litität realisierbar. Einen Weg der eigenen Wissensorganisation
soll im folgenden beschrieben werden. Die Lösung besteht im Gro-
ben aus folgenden Komponenten:

■ Kopfwissen – was ich immer bei mir trage.

■ Mind-Map-Archiv – eine Sammlung von Wissensbildern, die
ich gehirngerecht aufbereitet habe.

■ Wissensarchiv – eine Sammlung von allen Dokumenten, Artikeln, Studien, Aufsätzen und allerlei Wissenswertem, das
ich als aufhebenswert empfinde.

■ Bücher und Schriften – die selbst aufgezeichnetes oder ge-
drucktes umfangreiches Material zu einem Thema enthalten und in meinem direkten Zugriff sind.

- CD-ROM-Archiv – mit Lexika, Wörterbüchern und Standardnachschlagewerken.

- Externe Datenbanken – die Möglichkeit auf weltweit vorhandenes Wissen bei Bedarf zuzugreifen.

Kopfwissen

Hierunter verstehen wir das Wissen, das im Gehirn gespeichert ist. Bei dem endlosen Zuwachs an Informationen und Kenntnissen ist natürlich die Frage, was alles im Kopf gespeichert und kontrolliert werden kann, damit es später bei Bedarf wieder abrufbar ist.

Unser Gehirn hat – wie wir wissen – eine phantastische Speicherkapazität. Unser Allgemeinwissen, der Rückgriff auf lange zurückliegende Ereignisse, die vielfältigen plötzlich wiederkehrenden Bilder oder unser Sprachschatz zeigen dies eindrucksvoll, auch wenn manchmal kurzfristig die Zugriffspfade verstopft zu sein scheinen und uns bestimmte Dinge einfach nicht einfallen wollen.

In unseren beiden Gehirnhälften werden links Logik, Zahlen, Fakten, Sprache und Texte verarbeitet, rechts sind visuelles Denken, Emotionen, Kreativität und die Gefühlswelt zu Hause. Nur eine Minderheit aller Menschen nutzt die rechte Gehirnhälfte gleich viel wie die linke. Auf jeden Fall ist meist eine Hälfte besser trainiert und eingesetzt. Sinnvoll ist jedoch, beide Gehirnhälften möglichst gleichrangig zu beschäftigen. Erst dadurch wird eine ganzheitliche Sicht und zuverlässige Speicherung gewährleistet.

Wenn also in unserer Informationsgesellschaft immer neue Anforderungen an eine schnelle und effektive Informations- und Wissensverarbeitung entstehen, so sollte in jedem Falle zunächst unserem eigenen Gehirn die gebührende Aufmerksamkeit geschenkt werden.

Mind-Maps

Mind-Maps sind graphische Strukturen, bei denen von einem zentralen Kreis, der ein Thema enthält, Hauptäste, Zweige und Ne-

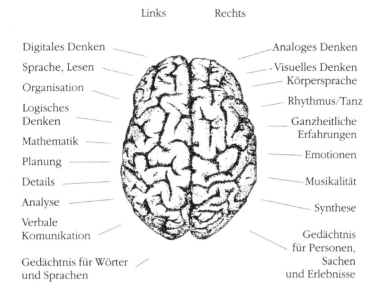

Links   Rechts

Digitales Denken — Analoges Denken

Sprache, Lesen — Visuelles Denken

Organisation — Körpersprache

Logisches Denken — Rhythmus/Tanz

Mathematik — Ganzheitliche Erfahrungen

Planung — Emotionen

Details — Musikalität

Analyse — Synthese

Verbale Komunikation

Gedächtnis für Wörter und Sprachen — Gedächtnis für Personen, Sachen und Erlebnisse

Funktionen des menschlichen Gehirns

benzweige in alle Richtungen führen. Jeder Ast und Zweig trägt ein markantes Schlüsselwort. Diese Worte sollen als Aufhänger für Gedanken und Gedankenkomplexe genutzt werden. Bei der Erstellung eines Mind-Maps wird vom Zentrum, also dem Thema ausgehend, entweder zunächst eine Strukturierung der Hauptäste vorgenommen, es können aber auch einzelne Äste vorrangig weiter verfeinert werden oder Gedankensprünge und Verknüpfungen zwischen einzelnen Bereichen vorkommen. Damit unterscheidet sich die Bearbeitung eines Mind-Maps von der klassischen linearen Vorgehensweise bei der Stofferarbeitung hin zu einer natürlichen assoziativen Themendurchdringung.

Mind-Maps sind Struktogramme, die versuchen, die ureigenen Gehirnstrukturen mit linker und rechter also logischer und bildlicher Komponente zu unterstützen. Sie fördern das Erfassen, Ver-

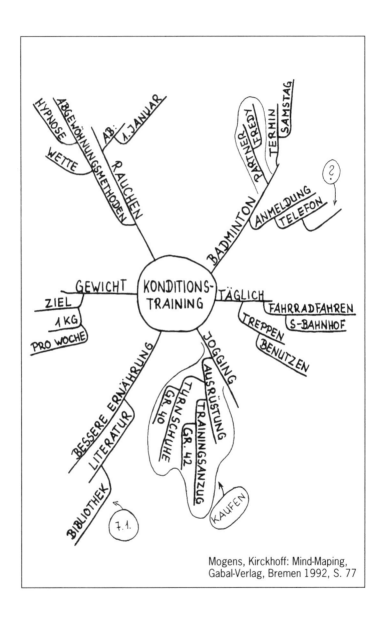

Mogens, Kirckhoff: Mind-Maping,
Gabal-Verlag, Bremen 1992, S. 77

Beispiel für ein Mind-Map

arbeiten und Speichern von umfangreichem Wissen zu einem Themengebiet. Extern auf Papier dokumentierte Kurzinformationen sollen so mit dem dazugehörenden, im Gehirn gespeicherten Gesamtwissen vernetzt werden. Durch ein späteres Betrachten der Mind-Maps werden viele Assoziationen im Gehirn aktiviert und umfangreiches Wissen freigesetzt.

Mind-Maps eignen sich für:

■ Zusammenfassung von Wissensgebieten,

■ Nachbereitung einer Buchlektüre,

■ Aufstellen von Planungen,

■ Protokollierung eines Meetings,

■ Festhalten von Ergebnissen während einer Gruppenarbeit,

■ Aufzeichnen der Gedanken eines Vortrages,

■ Entwicklung eines eigenen Artikels, Aufsatzes, Vortrages,

■ Checklisten zu speziellen Vorhaben.

Wenn man Mind-Maps als sinnvolle Arbeits- und Dokumentationsmethode ansieht und konsequent einsetzt, so entstehen schnell einige hundert Seiten dieser eigenproduzierten Graphiken, die sinnvollerweise in einem eigenen Mind-Map-Ordner abgelegt werden. Um hier den Überblick zu behalten, bietet es sich an, in einer kleinen Datenbank, die einzelnen Mind-Maps fortlaufend einzutragen und mit einigen Stichworten zu versehen, um sie später schnell wiederzufinden.

Insbesondere beim Aufbau von Wissensthemen bietet es sich an, bestehende Mind-Maps zusammenzustellen und z. B. nach der Lektüre eines Fachartikels zu prüfen, ob neue Fakten und Erkenntnisse gewonnen wurden, die lohnen, eingearbeitet zu werden.

Zur Zeit erscheint es nicht sinnvoll, die Mind-Maps selbst im PC zu erstellen und abzulegen. Zum einen würde die Erstellung der Graphiken, selbst wenn es Mind-Map-Editor-Programme gäbe, vermutlich länger dauern, und nicht überall einsetzbar sein. Andererseits liegt gerade in der Einbeziehung möglichst vieler Sinne und Aktivitäten ein Vorteil der Mind-Maps, und hier sollte auch das manuelle Zeichnen und die Handschrift mehr Erinnerungswerte produzieren als die Arbeit am Computer.

Wissensarchiv

Die Informationsflut, die heute auf uns einströmt, ist gewaltig. Auch wenn wir nur die bedruckten Seiten, die durch unsere Hände gehen, nimmt, so entstehen gewaltige Papierberge. Sie enthalten alles Wissenswerte und Interessante aus dem täglichen Leben.

Wir könnten alles aufbewahren, wir könnten Zeitungen stapeln und Ordner anlegen, wir könnten zwischen Vorablage, Zwischenablage und Archiv unterscheiden, und anderes mehr. Empfehlenswert ist eine Struktur, die möglichst vieles gleichartig behandelt und nutzbar macht: ein eigenes Wissensarchiv.

Als Oberbegriff für all die Aufsätze, Übersichten, Checklisten, Kataloge und Ausarbeitungen soll der Begriff Artikel verwendet werden. Nachfolgendes System hat sich in der Praxis bewährt und könnte Teil eines jeden PISA-Systems werden.

1. Stapel: Lesestoff von Artikeln

2. Stapel: Artikel, die archiviert werden sollten

3. Archiv mit fortlaufender Ablage der Artikel

4. PC-Datenbank über die archivierten Artikel

Alles was nicht sofort verarbeitet werden kann, kommt auf den ersten Stapel Lesestoff. Dieser wird je nach Aufkommen z. B. einmal die Woche durchgeschaut. Dabei sollte längst nicht alles gelesen werden – es reicht meist, das Inhaltsverzeichnis zu studieren und querzulesen.

Die Artikel, die aufbewahrenswert erscheinen, werden kopiert oder herausgerissen und auf dem zweiten Stapel abgelegt. Dieser wird von Zeit zu Zeit ins Archiv überführt. Dabei werden nochmals einzelne Artikel, die im Nachhinein nicht mehr so interessant erscheinen, herausgenommen. Bei der Archivierung wird jedem Artikel eine laufende Nummer gegeben und verschiedene Stichworte zugeordnet, über die ein späteres Wiederauffinden vereinfacht wird. Diese Informationen werden in der Wissens-Archiv-Datenbank im PC abgespeichert, während der Artikel nach der laufenden Nummer sortiert in einem Ordner abgelegt wird.

So enthalten die Ordner des Wissensarchivs in einer sogenannten chaotischen Lagerung alle möglichen Informationen – unsortiert und dennoch wiederauffindbar. Es besteht keine Gefahr, ei-

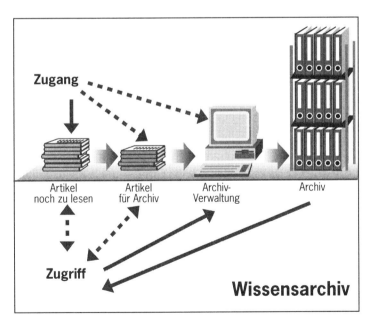

Ablagesystem für Artikelsammlung

ne ineffektive Ordnung vorzunehmen. Das Wiederfinden wird über die PC-Datenbank vorgenommen.

Natürlich können die Stapel-Ablagen 1 bzw. 2 entfallen, wenn sich das Aufkommen des Lesematerials in Grenzen hält bzw. alle interessierenden Artikel sofort gelesen bzw. archiviert werden. Dies ist jedoch meist sehr ineffizient.

Das persönliche Wissensarchiv sollte auf Langfristigkeit ausgerichtet sein, denn häufig brauchen wir bestimmte Informationen erst nach Jahren wieder. Bei einem durchschnittlichen Sammlertrieb und Informationsaufkommen ist mit einem Neuzugang von ein bis zwei Ordnern pro Jahr zu rechnen.

Bücher und Schriften
Neben den Artikeln gibt es größere Schriftstücke, die gebunden oder in eigenen Ordnern abgelegt sind. Es können gekaufte, geerbte aber auch selbst geschriebene Bücher und Schriften sein. Diese sollten analog zum Wissensarchiv verwaltet werden. Da es sich um weniger Material handelt, kann auf die Vorablagen und auch auf die PC-Katalog-Datenbank verzichtet werden. Aber auch ein Verschmelzen mit dem Wissensarchiv ist vorstellbar.

CD-ROM-Archiv
Folgende Standardwerke sind heute fast in jedem Haushalt vorhanden: Rechtschreibduden, Universallexikon, Fremdwörterlexikon, Fremdsprachenlexikon, Formelsammlungen, Tierlexikon, Doktorbücher, Heimhandwerkerbücher.

Diese und ähnliche Nachschlagewerke sollten bei Neuanschaffung zunehmend auf CD-ROM gekauft werden, wenn der Zugriff häufiger während Arbeitssitzungen am PC erfolgt. Bei einmaligem Zugriff ist das gedruckte Buch meist schneller, bei ständigem Nachschlagen und Arbeiten mit einem einzigen Werk ist die CD als Medium zu empfehlen.

Externe Datenbanken
Zunehmend werden Informationen nicht mehr in den eigenen vier Wänden gestapelt, sondern bei Bedarf extern beschafft. Früher

waren hierfür die Bibliotheken zuständig. Heute geht der Trend dahin, externe Datenbanken per Telekommunikation anzuwählen und abzufragen. Als Zugang zu verschiedensten solcher Datenbanken bieten sich Online-Dienste wie CompuServe, Internet und Datex-J an.

Lifestyle und Entertainment

Informationen brauchen wir für unser tägliches Leben wie die Luft zum Atmen. Wir brauchen sie für unsere Arbeit und unseren Lebensunterhalt. Informationen können aber auch unser Leben versüßen und bereichern. Sie dienen der Unterhaltung, stoßen die zwischenmenschliche Kommunikation an, können gesammelt werden, fördern Kreativität und Phantasie und sind für unser Wohlbefinden je nach Informationsinhalt von entscheidender Bedeutung. Informationen machen neugierig, aufgeregt, ängstlich, zufrieden, eifersüchtig und glücklich.

Im folgenden wollen wir die Aspekte unserer persönlichen Informationsverarbeitung beleuchten, die sich auf Bereiche wie Hobbys, Spielen, Lebensstil, Freizeitgestaltung, Sport, Reisen, Vorlieben und Glücklichsein beziehen. Wir wollen prüfen, inwieweit der Homecomputer uns in der Veredelung unserer Lebensführung und unseres allgemeinen Befindens unterstützen kann.

Betrachten wir aktive Freizeitbeschäftigungen, so treffen wir auf Prozesse, wie wir sie in den Kapiteln Planung, Einkauf, Produktion und Vertrieb diskutiert haben. Wenn wir eine Modelleisenbahn aufbauen wollen, so planen wir die Gleisführung, kaufen die Loks, Wagen und Schienen, montieren das Ganze zusammen und „verkaufen" es an Weihnachten an die Kinder. Sicher besteht der Unterschied häufig darin, daß in der Freizeit unsere Aktivitäten weniger zielgerichtet, geplant und wirtschaftlich sind. Aber mitunter ist auch keine Unterscheidung zu verzeichnen. Überall dort, wo Menschen ihr Hobby zum Beruf machen und in der Arbeit aufgehen, wird das Schaffen, Kreieren und Produzieren in Job und Freizeit nicht zu unterscheiden sein. Und damit bleibt auch die PC-Nutzung, die wir aus dem Beruf gewohnt sind, erhalten!

Kreieren und Schaffen

Folgende Aktivitäten werden häufiger im Freizeitbereich angetroffen und sollen als Beispiele für eine sinnvolle Computerunterstützung im Hobbybereich dienen:

Basteln
Computer können u.a. für Konstruktionszeichnungen und Berechnungen genutzt werden. Es gibt mittlerweile Modellbaukästen, deren Modelle vom Computer aus angesteuert werden können (z. B. von Fischer Technik).

Texten, Dichten und Drucken
Die Textverarbeitung hilft nicht nur beim Formulieren, Formatieren und Archivieren. Es gibt Hilfen zum Dichten und Wörterbücher zur besseren Ausdrucksweise. Ob wir nun Artikel und Bücher zur Veröffentlichung oder private Briefe und Gedichte verfassen, der Computer wird meist dabeisein.

Über entsprechende Programme können wir persönliche Geburtstags- und Glückwunschkarten, Einladungen und Urkunden, Hochzeits- und Vereinszeitungen problemlos erstellen, ohne daß wir uns um das spezifische Layout kümmern müssen. Und der angeschlossene Farbdrucker ersetzt am Ende die Hausdruckerei. Allerdings sind bei persönlichen Schreiben ein paar handschriftliche Zeilen immer zu begrüßen und freuen den Adressaten wegen der intimeren Ansprache.

Malen, Skizzieren und Entwerfen
Graphikprogramme stellen Werkzeuge und Cliparts zur Verfügung, die auch dem zeichnerisch und künstlerisch weniger Begabten gestatten, zu interessanten und motivierenden Ergebnissen zu kommen.

Spielen

Spielen am Computer
Computerspiele – diese stehen wohl im Gebrauch von privaten
Computern auf den vorderen Plätzen.

Kleine Kinder lernen spielerisch und experimentell die Maus und
einige Tasten zu bedienen, um Monster mit Laserkanonen unter
meist lautem Knattern der PC-Lautsprecher über den Bildschirm
huschen zu lassen. Es gibt die Lemminge, Gremlins und viele andere. Neben diesen für die Entwicklung unseres Nachwuchses
pädagogisch und didaktisch sehr zweifelhaften Vergnügungen,
gibt es eine breite Palette von Computerspielen für alle Alters-
gruppen und Ansprüche wie etwa Schach, Golf, Flugsimulator,
Tetris, Poker, Solitär, Puzzle, Autorennen, Unternehmensplan-
spiele. Fast alle klassischen Spiele wie Schach, Mühle oder Hal-
ma werden mittlerweile auch als Computersimulation angeboten.
Fernsehspielshows wie Glücksrad gibt es als PC-Spiel. Comics und
Filme wie „Ducktales" oder „König der Löwen" werden als inter-
aktive PC-Version vermarktet.

Die Funktionalität dieser Spielprogramme bietet meist das, was
wir auch vom traditionellen Spielen gewohnt sind: Anleitungen,
Spieldurchführung mit verschiedenen Schwierigkeitsgraden und
mit Simulation einzelner Spieler durch den Computer, Ergebnis-
aufzeichnung und Statistik.

Natürlich ist das Spielen am runden Tisch im Kreise von Freunden zu bevorzugen. Spielen ist Kommunikation, Miteinandersein,
Diskussion und Gesellig keit. Der PC darf in diesem Bereich nur
zu Hilfszwecken eingesetzt werden, um die schwierigeren Spiele
zu erlernen und zu üben (z. B. Schach), oder um fehlende Spielpartner zu ersetzen.

Spielauswertungen am Computer
Das Ergebnis von vielen Spielen wird in Punkten gemessen. Mit
Zettel und Bleistift ausgerüstet sitzen die Skatspieler, Rommé-
Freunde und Canasta-Fans zusammen und knallen ihre Karten
auf den Tisch. Sie zählen am Ende eines Spiels, was noch alles

auf der Hand ist und der Schreiber trägt die Ergebnisse auf seinem Zettel ein. Manchmal werden Summen gebildet, um Zwischenstände zu ermitteln, manchmal wird von einem Mißtrauischen nachgerechnet. Am Ende wird der Sieger ermittelt und die Punkte der Verlierer mitunter in Geld umgerechnet.

In Spielerrunden, die sich regelmäßig treffen, werden die Punktstände über viele Monate und Jahre weitergeführt, mit der Vereinskasse gekoppelt und als ewige Rangliste aufbewahrt. Solche Spielergebnisse, Tabellenstände, Rekorde und Auswertungen lassen sich naturgemäß bestens im eigenen PC verwalten.

Sammeln

Der Mensch ist ein Jäger und Sammler. Schon als Kleinkind werden Steine gesammelt, später sind es Abziehbilder und Autogramme. Zusammengetragen wird alles, was man sich vorstellen kann. Erreicht eine Sammlung eine bestimmte Größe, so empfiehlt sich eine Katalogisierung der Sammlerobjekte, um das spätere Auffinden zu erleichtern. Diese Katalogisierung wird am besten im Computer in einer Datenbank vorgenommen. Der Aufbau der Datenbank ist bei fast allen Sammlungen von folgender Struktur:

■ Fortlaufende Nummer,

■ Objektbezeichnung,

■ Kategorisierung/Klassifizierung,

■ Objektbeschreibung   optional,

■ Lagerort   optional,

■ Einlagerungs- bzw. Funddatum   optional,

■ Dateiname/Daten   bei Sammlungen im
                              Computer.

Die fortlaufende Nummer, die für jedes Objekt vergeben wird, ist auf dem Objekt selbst anzubringen. Im Lager (z. B. dem Bücherregal) werden dann häufig die Gegenstände in der Reihenfolge ihrer Nummern aufbewahrt (chaotische Lagerung). Es gibt aber auch Sortierungen im Lager, die sich an der Größe, der Herkunft oder dem Funddatum der Sammlerobjekte orientieren.

Wichtig sind die Merkmale, die ein Sammlerobjekt kategorisieren, klassifizieren und beschreiben. Über diese Merkmale wird später das Auffinden eines Objektes erleichtert, da nicht mehr die komplette Sammlung sequentiell durchsucht wird, sondern nur noch eine über bestimmte Merkmale eingeschränkte Untermenge überprüft wird.

Beispiele für die Klassifizierung und Kategorisierung von Büchern sind Verlagsangaben, Erscheinungsjahre, Buchinhalte, Autoren. Suchen wir ein bestimmtes Buch, dessen Namen wir vergessen haben, so können wir vielleicht über einen der obigen Angaben das gesuchte Buch eingrenzen und wiederfinden.

Für Sammlungen von Dokumenten, Texten oder Bildern, die selbst im Computer gespeichert werden können, wird der elektronische Speicher zum Lagerplatz.

Besteht eine Sammlung aus solchen Computer-Dateien, so ist im Katalog ein Verweis auf den Dateinamen vorzunehmen. Viele Datenbanken erlauben es mittlerweile, von der Suche in der Datenbank direkt in das gefundene elektronische Dokument zu verzweigen. So können wir z. B. aus dem Dateimanager unter Windows direkt in entsprechende Text- oder Graphikdokumente gelangen. Umgekehrt kann man in vielen Textverarbeitungen Dokumente nach deren Editierung sofort katalogisieren.

Konsum und Unterhaltung

Neben dem Spielen und Sammeln, neben den interaktiven Tätigkeiten dient der Computer zunehmend auch der einseitigen Ausstrahlung von Informationen und Unterhaltungsbeiträgen:

■ Sie können über Ihre Audio-Komponenten im PC die CDs Ihrer Stereo-Anlage als Hintergrundmusik bei der Arbeit abspielen.

■ Sie können über entsprechende Hardware-Komponenten Filme, Fernsehen und Videocassetten auf Ihren Computermonitor bringen.

Damit wird die so häufig propagierte Konvergenz der Computer- und Consumerindustrie (sprich das Zusammenwachsen von Informations- und Unterhaltungstechnologie) bereits praktisch umgesetzt.

Meist wird das zugrundeliegende Material wie Töne, Bilder oder Videos nur vom Sender auf die Ausgabegeräte durchgeroutet – ohne daß eine Digitalisierung erfolgt. Aber die Profis unter den Amateuren setzen schon voll auf digitalisiertes Material mit allen Vorteilen bei der Weiterverarbeitung. Die Technik hierzu steht bereit.

Elektronische Studios

Für digitalisiertes multimediales Material kann der PC vielfältige Studio-Funktionen übernehmen:

■ Bilder bzgl. Kontrasten, Farben, Ausschnitten zu bearbeiten,

■ Videos an einem elektronischen Mischpult zu schneiden,

■ eigene Spots vollkommen elektronisch zu produzieren,

■ Musikstücke zu komponieren und zu arrangieren,

■ Musikinstrumente in ihren Klangfarben über den PC zu steuern.

Das ganze Feld dieser multimedialen Hobby-Anwendungen ist mittlerweile fast zu einer eigenen Wissenschaft geworden. Notwendig sind dazu jedoch immer eine überdurchschnittliche Leistungsfähigkeit der Hardware mit großen Speicherkapazitäten und schnellen Prozessoren.

Zusammenfassung
Womit wir uns in Zukunft auch beschäftigen werden, der Computer gehört dazu. Er wird Teil unseres Lebens – im Beruf und im Privatbereich. Es gilt daher ein Zusammenspiel zu gestalten, das den größtmöglichen Nutzen und einen natürlichen Umgang verspricht. Dies soll in den folgenden Kapiteln diskutiert werden.

Systemkonzeption und Implementierung

Wir kennen nun die Anforderungen an unser persönliches computergestütztes Informationssystem. Jetzt werden wir daran gehen, das PISA-System zu realisieren. Wie ein Architekt werden wir hierzu Planungen und Konstruktionen vornehmen. Wir müssen Fragen beantworten:

Wie soll das System von außen aussehen? Wie soll die Architektur und Statik sein? Welche Anschlüsse gilt es zu legen? Welche Materialien wollen wir verwenden?

Ein System von der Komplexität unserer gesamten Informationsverarbeitung kann dabei nur in ausgewählten Schwerpunkten diskutiert und entworfen werden. Wir wollen dabei immer die drei Komponenten: den Menschen, seine Eigen-Organisation und seine Technik im Auge behalten. Erst durch das Zusammenspiel können wir zu annähernd optimalen Ergebnissen kommen. Die Technik wiederum zerfällt in die Hardware und Software, die wir kaufen sowie die eigenen Einstellungen, Programme und Proceduren, die letztlich unser persönliches PISA-System ausmachen.

Arbeitsteilung Mensch-Computer

Mensch im Mittelpunkt

Wir haben bei der Beschreibung der Anforderungen an verschiedensten Stellen darauf hingewiesen, daß wir mit unserem phantastischen Gehirn, diesem unerreichbaren Mega-Computer mit Seele und Leben, bereits bestens ausgestattet sind. Wir sollten uns daher in jedem Informationssystem als zentrale Einheit verstehen und die technischen Geräte (auch wenn sie Computer heißen) als Zusatzwerkzeuge begreifen. Kein Computer kann menschliche Kommunikation ersetzen. Kein Computer kann die Informationsmengen speichern, die wir in uns tragen. PCs können nicht riechen, schmecken oder tasten. Sie können nur das, was der Mensch ihnen vorher in Form von Programmen vorgibt.

Der Computer besitzt jedoch einige Stärken, die es zu nutzen gilt: er ist schnell, arbeitet fehlerfrei (sofern die von Menschen entworfenen Programme richtig sind) und ist stets ohne Widerrede zu Diensten. Er kann damit als Intelligenzverstärker und Arbeitsbiene beste Dienste leisten.

Arbeitsteilung zwischen Mensch und Computer

Nutzen wir also den Computer dort, wo er stark ist, wo er uns von besonderem Nutzen sein kann und lassen wir ihn ausgeschaltet, wo wir unsere menschlichen Stärken voll zur Geltung bringen können.

Den Computer nutzen wir für Fleißarbeiten, Informationssammlungen, Sucharbeiten, Textverarbeitung und Vervielfältigung, Rechenarbeiten und Kalkulationen, Design und Konstruktionsaufgaben, Anlauf- und Auskunftsstelle.

Nicht alles, was der Computer kann, macht er auch gut. Vieles hängt von den eingesetzten Programmen ab, die natürlich nur die Qualität der jeweiligen Programmentwickler haben. Für viele Anwendungen ist die Zeit noch nicht reif bzw. die verfügbare Basistechnologie nicht perfektioniert genug, um sie einer breiten Öffentlichkeit empfehlen zu können.

Überprüfen Sie anhand der festgelegten persönlichen Anforderungen an Ihr PISA-System, was im Computer abgebildet werden soll, und was Sie bewußt manuell erledigen.

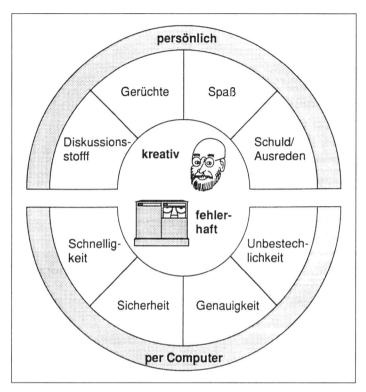

Aufgabenverteilung

Beispiele:

– Textübersetzungen ins Englische	zur Zeit noch manuell
– Aufbewahrung von erhaltenen Briefen	manuell, nicht einscannen
– Schreiben von Briefen	per Computer
– Versenden von Faxen	zur Zeit noch mit getrenntem Gerät
– Fotographieren und Bilderaufbewahrung	manuell bzw. im Bilderbuch

Verteilung auf mehrere Computer

Wir haben oder werden uns in unserem persönlichen computergestützten Informationssystem arbeitsteilig organisieren – der
Mensch und der Computer übernehmen jeweils spezifische Aufgaben. Doch so einfach, wie das zunächst klingt, ist es nicht.

Die Welt ist mittlerweile voller Computer. Wir arbeiten an verschiedenen Orten und an verschiedenen Aufgaben mit ihnen. Wir
selbst haben möglicherweise bereits mehrere Computer z. B. einen Laptop und einen Desktop zu Hause sowie ein Terminal in
unserem Büro.

Wir müssen also eine Konstruktion finden, in der unser eindeutig definiertes persönliches System nicht durch die Vielfalt der verschiedenen Computer sowie deren Vernetzung in unkoordinierte
Einzelkomponenten zerfällt. Wir müssen unser System auf einer
verteilten Hardware umsetzen und dabei gewährleisten, daß unsere persönlichen Informationen und Anwendungen zusammen-
gehalten werden und konsistent bleiben.

Wir wollen folgende maximal verteilte Systemarchitektur zugrunde
legen:

■ PC-F: privater Desktop-Computer als zentraler Familien- und
Homestation,

■ PC-P: PDA (Personal Digital Assistent), Palmtop, Laptop oder
PC als meist mobiles Endgerät einer Person,

■ PC-U: betriebliches Endgerät im Büro, das im Unterneh-
mensnetzwerk eingebunden ist.

Dabei ist der PC-P das personenbezogene Gerät, das je nach Situation an das Unternehmensnetz oder an die Homestation angeschlossen werden kann. Jedes der Geräte kann im privaten oder
im Besitz des Arbeitgebers sein. Es empfiehlt sich aber, über mindestens einen Rechner permanent persönlich verfügen zu können.

Mit der Zuordnung der einzelnen Computer sollten auch folgende Fragen geklärt werden:

■ Wo liegen sinnvollerweise die Originaldaten?

■ Wo sind welche Programme verfügbar?

■ Wie sind die Geräte miteinander vernetzbar?

Arbeitsteilung im Computer

Betrachten wir unser Systemmodell nun in vertikaler Richtung, so sollte es aus folgenden Schichten aufgebaut werden:

■ die Hardware,

■ das Betriebssystem,

■ die Datenhaltung und Datenbanken,

■ die Anwendungssoftware und Programme,

■ die Benutzeroberfläche.

Auf jeder dieser Ebenen findet auch Kommunikation im zuvor angesprochenen Netzwerk statt:

– die Hardware kann verdrahtet werden,
– das Betriebssystem muß Netzwerkanschlüsse unterstützen,
– Daten können im Netz ausgetauscht werden,
– verschiedenste Programme müssen zusammenarbeiten,
– über den Bildschirm wird mit Teilnehmern an fremden Rechnern kommuniziert.

Die verschiedenen Schichten des Systems sollten möglichst sauber voneinander getrennt werden. Es ist insbesondere beim Kauf darauf zu achten, daß die einzelnen Komponenten Standardschnittstellen besitzen und beliebig kombiniert werden können.

Nur dann ist es möglich, z. B. die Hardware, eine Datenbank oder ein Programm auszutauschen, ohne daß das restliche System betroffen ist.

Namenskonventionen

In unserem System werden wir an verschiedensten Stellen immer wieder Namen zu vergeben haben: für Dateien, für Datei-Verzeichnisse, für Programme und Proceduren, in der Programmierung für Variablen und Unterprogramme, für Anwendungen und Funktionsaufrufe.

In der Informatik heißt es: Namen sind eindeutige Bezeichnungen von Objekten, d. h. über Namen sind Dinge wie Programme und Dateien eindeutig zu identifizieren. In diesem Kapitel werden daher einige grundsätzliche Überlegungen zu Namenskonventionen vorgestellt. Allgemein ist zu fordern:

■ Der Name ist als der gezielteste und direkteste Zugriff auf abgelegte Informationen zu verstehen und entsprechend sorgfältig zu wählen.

■ Der Name zur Identifikation von Objekten muß im System eindeutig sein.

■ Der Name soll möglichst aussagefähig sein.

■ Der Name muß leicht zu handhaben sein – und daher auch nicht zu lang sein.

■ Der Name sollte ausreichenden Schutz gegen Schreibfehler bieten.

Über die Verwendung von Namen als erste Identifikationsmöglichkeit hinaus besteht die Möglichkeit, Objekte über Kurztexte,

Stichworte, Klassifikationen und Deskriptoren zu suchen und zu identifizieren. Auch diese sollten ähnlich präzise, aussagefähig und prägnant formuliert sein.

Strukturierung der Namen

Die Struktur der Namen ist durch zugelassene Sonderzeichen wie Punkte, Unterstriche oder Bindestriche zu verdeutlichen. Es sollten immer die gleichen Sonderzeichen verwendet werden.

Ist ein Name aus mehreren Substantiven aufzubauen, so werden diese von links nach rechts in der Reihenfolge ihrer zunehmenden Qualifizierung angeordnet. Füllwörter sind zu vermeiden.

Es sind übliche Abkürzungen zu wählen. Gewöhnen Sie sich an, immer die gleichen Abkürzungen zu verwenden. Führen Sie unter Umständen ein Abkürzungsverzeichnis für sich ein. Namensbestandteile sind gegebenenfalls zu codieren, um sie entsprechend kurz zu halten. Datumsangaben sind in der englischen Schreibweise, also in der Reihenfolge Jahr, Monat, Tag, zu formulieren, was beim Sortieren Vorteile bringt.

Soll ein Name aus Objekt, Tätigkeit und Zeitpunkt bestehen, so ist zuerst das Objekt, dann die Tätigkeit und abschließend der Zeitpunkt oder die Version anzugeben. Die Namenslänge ist heute noch in einigen Systemen auf z. B. acht Zeichen begrenzt und der Zeichensatz ist eingeschränkt. Dies ist zu berücksichtigen.

Mit diesen Namenskonventionen können Sie viel zusätzliche Ordnung in Ihr System bringen. Wenn Sie im Laufe der weiteren Bestimmung der PISA-Systemstruktur Namen vergeben müssen, so sollten die hier angeführten Empfehlungen Berücksichtigung finden.

Hardware-Grundausstattung

Hardwareklassen

Unser persönliches Informationssystem kann durch Computer unterschiedlichster Größen unterstützt werden. Folgende Rechner stehen prinzipiell zur Verfügung:

PDAs	Persönliche Digitale Assistenten,
Palmtops	PCs im Taschenrechnerformat,
Notebook	PCs für den Aktenkoffer,
Laptops	PCs als Aktenkoffer,
Desktops	normale PCs auf dem Schreibtisch,
MDT-Rechner	Rechner mittlerer Größe meist im Tower-Format,
HOST-Rechner	Großrechner.

Bei der Auswahl der Hardware sollte das eigene Nutzerprofil eine wesentliche Rolle spielen. Dabei können wir folgende Klassifizierung und Zuordnung vornehmen:

– Billig-Gerät	für Gelegenheitsanwender,
– Durchschnittsgerät	für normale Anwender,
– Speziell konfiguriertes Gerät	für Anwender mit Spezialanwendungen.

Besondere Leistungsstärken werden für die Hardware von Anwendern gefordert, die z. B. Massendaten verarbeiten, als Graphiker tätig sind, umfangreiche Berechnungen vornehmen, sehr lange am Bildschirm arbeiten, den PC im Freien, in der Bewegung oder unter sonstigen schwierigen Rahmenbedingungen nutzen.

Für den Aufbau eines PISA-Systems ohne Spezialanwendungen sollte ein Desktop-Gerät mittlerer Leistungsklasse in der jeweils neuesten verfügbaren Produktgeneration die richtige Wahl sein. Je nach Aufgabenstellung und Nutzungshäufigkeit kann auch ein portables Gerät sinnvoll sein.

Ein Standard-PC-System ohne Limits und Qualitätseinbußen kostet ca. 3000 - 5000 DM. Das war in den letzten Jahren so und wird auch in der überschaubaren Zukunft nicht anders sein. Jedes Jahr gibt es mehr Leistung fürs gleiche Geld. Dieser Leistungszuwachs wird dem Anwender aber nur teilweise bewußt, weil der interne Ressourcenbedarf der Software ständig steigt und die Einsatzmöglichkeiten und Komfortansprüche permanent zunehmen.

Rechnerkomponenten

Ein gesamte Computeranlage ist aus folgenden Komponenten zusammengesetzt: Rechner, Monitor, Tastatur und Maus, Drucker, Modem, Zusatzkomponenten. Beliebte Zusatzkomponenten sind

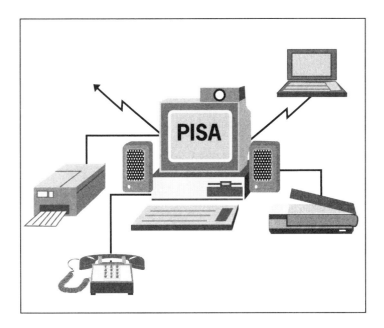

Rechnerkomponenten

Lautsprecher, Mikrofon, Soundkarte, CD-ROM-Laufwerk, Video-Overlay-Karten, Scanner, Streamer, Joysticks.

Wegen der schnellen technologischen Entwicklung und des anwenderorientierten Systemansatzes in diesem Buch soll hier auf eine detaillierte Beschreibung der Kennzahlen und Leistungsbereiche verzichtet werden. Der heutige Standard kann als so ausgereift angesehen werden, daß die vorkonfigurierten Geräte im Handel bis auf Spezialanwendungen eine ausreichende Hardware-Verfügbarkeit sicherstellen.

Einige grundlegende Empfehlungen sollen genügen:

- Je länger Sie am Computer arbeiten, um so mehr sollte auf Ergonomie und Bildschirmqualität geachtet werden.

- Die Lebensdauer der Computer ist beschränkt, daher ist auf Umwelthinweise für die spätere Entsorgung zu achten z. B. Rücknahme-Garantien der Händler und Einsatz entsprechender Materialien.

- Farbausdrucker sind zwar im Kommen, aber mit Farbe im Dokumentendesign umzugehen, ist nicht einfach und bedarf zusätzlicher Zeit. Ähnliches gilt noch verstärkt für weiterführende Multimediatechniken.

- An Speicherplatz sollte nicht gespart werden. Auch für Einsteiger sind heute mindestens 500 MByte notwendig.

- CD-ROMs sind vom Luxusgut zur Ramschware geworden. Doublespeed-Leistung reicht auf absehbare Zeit noch aus, Vierfachspeed bietet indes sehr gute Leistungsreserven für Multimedia. Eine Audioaufrüstung des PCs mit CD-ROM, Lautsprechern und Soundkarte hat den angenehmen Nebeneffekt, daß man bei der Arbeit Musik-CDs hören kann, auch wenn keine HiFi-Anlage im Zimmer ist.

- In Zusatzkomponenten sind zunehmend mehrere Funktionen integriert. So sind auf Einsteckkarten z. B. Modems, Anrufbeantwortungssysteme bzw. Voice-Mail-Systeme erhältlich. Auch im Scanner- und Faxgerätemarkt zieht die Multifunktionalität ein. Es gibt mittlerweile Flachbrettscanner, die Fax-, Druck- und Kopierfunktionen integrieren.

■ Neueste Entwicklung ist die PC-Multimedia-Kommunikation. Hierzu ist ein Paket aus Videokamera, Video- und ISDN-Karte, Software, Mikrofon mit Kopfhörer sowie entsprechende Anschlußkabel notwendig. Sind Sie so an das ISDN-Netz angeschlossen, können Sie mit Ihrem Kommunikationspartner schon heute von Angesicht zu Angesicht zusammenarbeiten.

Anhand einer Beschreibung des All-in-One-PCs von SNI wird ersichtlich, was heute 1995 von großen Herstellern vorkonfiguriert angeboten wird:

Es heißt in der Werbung: der All-in-One soll Fernsehgerät und PC unter seinem Gehäuse vereinen. Die Analogtechnik ermöglicht die Wiedergabe des Fernsehbildes im Full-Screen-Format. Sound-Bord, CD-ROM-Laufwerk, HiFi-Verstärker, Baß-Booster-Lautsprecher und MPEG-Decoder erlauben nicht nur das Abspielen von CD-ROMs, sondern auch von Musik- und Video-CDs. Ein integrierbares Framegrabber-Modul macht die Bearbeitung von Videobildern unter Windows möglich. Zudem läßt sich der Rechner durch Fax-Modem und Voice-Mailbox für Datex-J als Faxgerät und als Anrufbeantworter einsetzen. Damit all das auch vom Fernsehsessel aus zu steuern ist, gibt es eine einzige Fernbedienung.

Vernetzung

Von der Anwenderseite aus gibt es folgende Verbindungen und Vernetzungen:

■ Filetransfer per Diskette
Am häufigsten werden Daten zwischen verschiedenen Computern auf dem Umweg über Disketten ausgetauscht. Dies bringt neben vielen Nachteilen den Vorteil, daß die Dinge sehr bewußt getan werden und das Handling einfach ist.

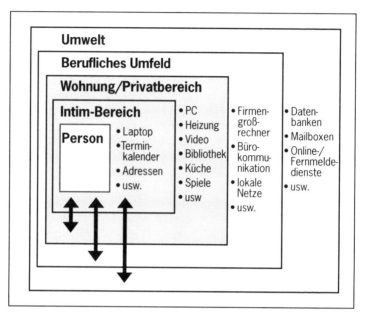

Vernetzung

■ Peer-to-peer-Verbindungen
Die Vernetzung geschieht im häuslichen Bereich zunächst häufig zwischen dem eigenen Laptop und einem Desktop-PC. Hierzu ist eine sogenannte Peer-to-peer-Verbindung aufzubauen. Beliebt sind auch die sogenannten Docking Stationen, bei denen der Laptop in ein Desktop-Gehäuse eingeschoben wird.

■ LANs
Etwas komplexer geht es zu, wenn in einer Lokalität wie etwa im eigenen Haus bereits ein kleines Netzwerk aus mehreren Computern zusammengeschaltet wird. Hier spricht man bekanntlich von LANs (Local area networks).

■ WANs

Der Zugang in die weite Welt der Kommunikation erfolgt durch den eigenen Eintritt bzw. das Einloggen in öffentliche oder unternehmensweite Netze bzw. WANs (Wide area networks).

Der Zugang in WANs wird heute meist über folgende Netze realisiert:

– Telefonnetz   (standardmäßig vorhanden)
– ISDN-Netz   (neuer Standard)
– Datex-P-Netz   (in Ausnahmefällen sinnvoll)

Die Übertragungsgeschwindigkeit ist ein wesentliches Merkmal für die Leistungsfähigkeit einer Netzverbindung. Als Maßeinheit wird das Baud = Bit/Sekunde verwendet. Die erzielbaren Übertragungsgeschwindigkeiten reichen von 50 Baud beim veralteten Telex-Fernschreibnetz über 19 000 Baud (19 KBits/Sek) bei der Infrarot-Übertragung bis zu 48 KBits/Sek bei der paketvermittelten Übertraung im Datex-P-Netz. Im ISDN-Netz sind 64 KBits/Sek die Regel.

Neben der vorhandenen Übertragungsgeschwindigkeit sind es geeignete Kompressionsverfahren, die die Kapazität von Verbindungen gewaltig steigern.

Betriebssystem

Aufgaben des Betriebssystems

Betriebssysteme haben folgende Aufgaben:

■ Ansteuern und Koordinieren der Computerkomponenten,

■ Verwalten von Speichermedien und Dateien,

■ Gestaltung der Mensch-Maschine-Kommunikation,

■ Sicherungen, Fehlerdiagnosen und -bereinigungen,

■ Starten und Wiederanlaufverfahren.

Für unser PISA-System sollte das jeweils am weitesten verbreitete Betriebssystem Verwendung finden, um für den Anwender Ausgereiftheit, Investitionsschutz und Preisvorteile sicherzustellen. Dieses Betriebssystem ist zur Zeit DOS bzw. WINDOWS. Im Einzelfall können auch UNIX, OS/2 bzw. das APPLE-Betriebssystem zum Einsatz kommen.

Neben den reinen Betriebssystemen werden Tools und Utilities, also systemnahe Hilfsprogramme, im Markt angeboten. Bekannte Programmpakete sind z. B. PC-Tools oder Norton-Utilities. Es empfiehlt sich, ein solches Paket zu studieren und ggfs. zusätzlich zu installieren, da die Systemadministration und das Behandeln von Systemproblemen hiermit spürbar erleichtert werden kann.

Betriebssystem-Einstellungen

In fast allen Software-Paketen, also auch den Betriebssystemen, lassen sich individuelle Einstellungen vornehmen. Dieses bezeichnet man gerne als Customizing, Konfigurieren und Tunen:

- Einstellen von Pufferbereichen, Speicherverwendungen usw.,
- Vornehmen einer Virenprüfung,
- Gestaltung der Betriebssystem-Bildschirme,
- Einrichten bzw. Starten eines Bildschirm-Schoners,
- Spiegelung der aktuellen Dateiverzeichnisse,
- Durchführen von Zugangskontrollen mit Paßwortabfragen,
- Starten von Anwendungsprogrammen.

Die Aufgaben, die Sie beim Systemstart ausführen möchten, sind in den Startprozeduren festzulegen.

Festlegen von Sicherungsprozeduren

Die Sicherung von Daten und Programmen kann manuell, über automatische Betriebssystemverfahren oder über die Anwendungsprogramme vorgenommen werden. Meist wird von den Anwendern ein kombiniertes Gesamtkonzept gewählt, um zur größtmöglichen Sicherheit bei vertretbarem Aufwand zu gelangen. Im Betriebssystem sind u.a.folgende Prozeduren enthalten:

– Sichern von Festplatten, Verzeichnissen und Dateien,
– Spiegelung von Verzeichnissen,
– Protokollierung während der Verarbeitung,
– Virenschutz.

Die gesicherten Daten können mit entsprechend umgekehrten Funktionalitäten wiederbeschafft werden. So gibt es z. B. zum bekannten Backup ein Recovery (also zum Sichern ein Wiederherstellen) und zum Delete ein Undelete (also zum Löschen ein Rückgängigmachen der Löschung). Es gilt, die Sicherungsprozeduren einzurichten.

Festlegen von Verwaltungsprozeduren

Auch ein Computer bedarf von Zeit zu Zeit einer gewissen Pflege. Hierzu empfiehlt es sich, folgende Aufgaben durchzuführen:

– Löschen von nicht mehr benötigten Dateien,
– Defragmentieren von Speicherbereichen auf der Festplatte,
– Überprüfen der Hard- und Software auf Defekte,
– Sortieren von Dateien,
– Reorganisation von Datenbanken,
– Auslagerung von Daten auf externe Medien,
– Virenprüfung und Vernichtung,
– Einspielen verbesserter Komponenten und neuer Release.

Im Rahmen der PISA-Einrichtung sind auch hierfür die Verwaltungsprozeduren vorzubereiten und ins System einzubinden.

157

PISA-Datenhaltung

Die Daten beschreiben und modellieren unser Leben, unsere Gedanken, Konzepte, Ideen, Kenntnisse. Daten beinhalten die Informationen unseres persönlichen Systems. Sie können in vielfältigen Formen vorliegen – als formatierte Datensätze, Texte, Graphiken, Images, Bilder, Sprache und Videos. Die Anwendungen, die später zu beschreiben sind, operieren auf diesen Daten und Dateien, indem sie diese erzeugen, verändern, mischen, ausdrucken und archivieren.

Daten sind in Informationssystemen die stabilen Größen. Daten sind langfristig zu speichern und zu gebrauchen. In der Informatik versucht man zunächst über sogenannte logische Datenmodelle die Informationen „sauber" und ohne technische Zwänge zu strukturieren. Anschließend werden sie in Form von Dateien im Computer und in den Speichermedien abgelegt.

Betrachten wir die klassischen Strukturen so haben wir Textdateien, einfache formatierte Dateien (sogenannte Flat Files), verknüpfte Dateien (Datenbanken), Dateien mit komplexen Datentypen wie Multimedia-Objekten.

Um die Dateiinhalte auf dem Bildschirm sichtbar zu machen oder auszudrucken, benötigen wir Anwendungsprogramme. Dabei ist davon auszugehen, daß mit steigender Komplexität der Dateiformate die Anzahl der nutzbaren Anwendungsprogramme abnimmt. Während fast alle Programme eine einfache ASCII-Datei einlesen und anzeigen können, haben spezielle Programme eigene, optimierte und nicht offengelegte Datenformate.

Sogenannte geschlossene Anwendungen und Programmpakete mit eigenen Datenformaten sind sehr problematisch, da sie die Anwender mit steigender Größe des Datenbestandes immer mehr in ihre Abhängigkeit bringen. Der Austausch der Daten zwischen solchen Programmen wird häufig sehr schwierig, auch wenn es entsprechende Daten-Import- und Export-Schnittstellen gibt. Die Empfehlung kann also nur lauten:

■ Bleiben Sie weitgehend bei Standard-Datenformaten!

■ Wählen Sie Programme, die Standardformate benutzen und weit verbreitet sind!

■ Wählen Sie Programme mit ausreichenden Import-/Export-Schnittstellen!

■ Reduzieren Sie die Anzahl der eingesetzten Programme und Programmlieferanten, um die Vielzahl der Datenformate zu minimieren!

Datenformate der weltweit führenden Softwarehäuser sind heute meist zu Standards geworden. In diesen Formaten werden Sie Ihre Daten auch nach diversen Programm-Updates und Technologiesprüngen lesen und weiterverarbeiten können.

Programmablage

Strukturieren wir nun die persönliche Datenablage und das Dateisystem. Gehen wir von einem großen Datenspeicher, z. B. einer Festplatte, aus. Die erste Trennung sollte zwischen Daten- und Programmbereich erfolgen.

Im Programmbereich wird für jedes gekaufte Programmpaket eines Verzeichnisses oder (wie der Informatiker sagt) ein eigenes Directory eingerichtet. Kleinere Einzelprogramme können in einem Directory z. B. PROG_DIV zusammengefaßt werden, Eigenentwicklungen in einem Verzeichnis PROG_IND. Sogenannte BATCH-Prozeduren, die Abläufe automatisieren, sind ebenso am besten in einem eigenen Verzeichnis aufzubewahren. Der Programmbereich könnte dann wie folgt aussehen:

```
C:\PROGRAMM\
        DOS                 Betriebssystembereich
        WINDOWS             "
        BATCH               "
```

EXCEL   Standardprogramme
PARADOX   "
COREL   "
WINWORD   "
PROG_DIV   Diverse Einzelprogramme
PROG_IND   Individualprogramme

Alternativ wäre auch eine Struktur vorstellbar, bei der kein eigenes
Verzeichnis PROGRAMM erstellt wird, um die Gliederungstiefe nicht
zu groß werden zu lassen. Dies ist erreichbar, indem man z. B. alle Programm-Verzeichnisse mit dem Namen P_ beginnen läßt:

C: P_DOS
        P_WINDOWS
        P_BATCH
        P_EXCEL
        P_WINWORD
        P_PARADOX
        P_CORAL
        P_PROG_D
        P_PROG_I

Für alle Programme sind die Originaldisketten in der jeweiligen
Verpackung (bei den Handbüchern) zu belassen. Außerdem empfiehlt es sich, eine Sicherung der Originaldisketten vorzunehmen
und diese dann in dem eigenen persönlichen Diskettenarchiv abzulegen. Dies erspart weitestgehend permanente Sicherungen des
Programmbereiches der Festplatte.

Für Programme, die vom Arbeitgeber zur Verfügung gestellt werden, ist eine besondere Kennung sinnvoll z. B. der Präfix PU_ (für
Programme des Unternehmens) oder ein Verzeichnis PROGR_AG
(für Programme des Arbeitgebers). Bei Verlassen des Unternehmens sind diese Programme zu löschen. Benennen Sie die Verzeichnisse so, daß Sie auch nach längerer Zeit noch wissen, welches Programm sich hinter einem Verzeichnis-namen verbirgt.

Bei der Installation werden meist auch Einträge in den Betriebs-
system-Controll-Dateien vorgenommen. Achten Sie darauf, was

einzelne Programme hier verändern und kennzeichnen Sie es nach Möglichkeit. Ein anderer Weg ist es, über ein Installations-Verwaltungsprogramm alle eingespielten Programme und Dateien zu dokumentieren. Ein UNINSTALL kann dann gewährleisten, daß alle programmrelevanten Dateien und Eintragungen rückgängig gemacht werden können.

Systemeinstellungen

Das eigene Informationssystem wird durch eine Reihe von Einstellungen, Vereinbarungen, Mustern, Makros und Formatvorlagen definiert. All diese sind in einem eigenen PISA-Verzeichnis abzulegen, das seinerseits nach den einzelnen Programmpaketen, für die Erweiterungen vorgenommen werden, zu strukturieren ist. Damit sind die Dateien in diesem Verzeichnis das, was in wesentlichen Teilen unser persönliches PISA-System ausmacht. Die Dateistruktur lautet auszugsweise etwa:

```
C:\PISA\
      P_WINDOWS
              Planung.grp      Planungs-Anwendungen
              Einkauf.grp      Einkaufs-Anwendungen
              Produk.grp       Produktions-Anwendungen
              Verkauf.grp      Verkaufs-Anwendungen
              Finanz.grp       Finanz-Anwendungen
      P_BATCH
              Pflege.bat       Systempflege-Procedure
              Sichern.bat      Sicherungs-Procedure
      P_EXCEL
              Haushalt.xls     Muster für Haushaltsbuch
              PIM.xls          Muster  für Terminverwaltung
              ENT.xls          Muster einer Entscheidungs-
                               matrix
      WINWORD
              Brief.dot        Brief-Druckformatsvorlage
              Einlad.dot       Einladungsmuster
              Protokol.dot     Protokollformular
```

Wenn wir ein neues Format z. B. ein neues Layout für unser Briefpapier oder ein Abrechnungsschema für die Spesen entwickelt
haben, so empfiehlt es sich, dieses zunächst als Muster im Verzeichnis PISA an der entsprechenden Stelle abzulegen. Erst dann
wird es mit Inhalten gefüllt und zum ausformulierten Brief oder
zur Spesenabrechnung der letzten Dienstreise.

In vielen Programmpaketen werden Muster und Beispiele mitgeliefert. Es empfiehlt sich, diese Muster zu studieren und mit entsprechenden Anpassungen in PISA zu übernehmen. Es erspart
Ihnen viele Einstellungs- und Formatierungsarbeiten.

Persönlicher Datenspeicher

Unsere persönlichen Daten selbst sollten unter dem Namen des
jeweiligen Besitzers abgelegt werden. Die Daten, die also mein
Denken und Tun beschreiben, die ich sammle, erstelle, verdich-
te und bearbeite, wären unter einem Verzeichnis mit meinem Namen zu finden. Leider ist es nicht ganz so einfach, denn wem
gehören Daten, wenn man einen Brief für die Firma schreibt, man
für einen Kunden eine Graphik entwirft, man die Hochzeitsge-
schenke seiner letzten Heirat auflistet oder wenn man die Finanzierung eines Hauses kalkuliert, das die Familie kaufen will.

Vorzuschlagen ist eine Trennung in drei Kategorien, gemäß der
Organisation, die auch ohne Computerei unser Leben prägt:

- Die eigene Person   IND   z. B. Karl, Gabi

- Die Familie   FAM   z. B. Mayer

- Der Arbeitgeber   JOB   z. B. LH, Klinik

wobei FAM, JOB und IND durch Kürzel der jeweils Betroffenen
ersetzt werden sollten. Danach hat Familie Karl und Gabi Mayer,
die bei der Lufthansa bzw. im Krankenhaus arbeiten, mit den Kinder Kurt und Nicole eine Datenstruktur wie folgt auf ihrem häuslichen PC installiert (3 Alternativen sind dargestellt):

– MAYER	- May_Fam	- Fam
- MAY_KARL	- May_Karl	- Karl
- MAY_GABI	- May_Gabi	- Gabi
- MAY_KURT	- May_Kurt	- Kurt
- MAY_NICO	- May_Nico	- Nico
– BERUF	- B-Allgem	- Berufe
- LH	- B-LH	- LH
- KLINIK	- B-Klinik	- Klinik

Wo ein Dokument gespeichert wird, ist individuell zu entscheiden. Eine berufliche Studie kann zunächst im privaten Bereich abgelegt werden, wenn sie zu einem frühen Zeitpunkt noch unausgereift ist und nicht jedermann zugänglich sein soll. Später ist sie dann in den Bereich JOB zu übernehmen.

Anmerkungen:

■ Um den Suchaufwand nach abgespeicherten Dokumenten innerhalb einer Familie gering zu halten, empfiehlt es sich, die Daten entweder überwiegend unter FAM oder unter den persönlichen IND-Verzeichnissen abzulegen. Bei mehreren intensiven Nutzern des PISA-Systems eignen sich die IND-Verzeichnisse besser zur Ablage.

■ Die Daten von Kindern, z. B. die Tagebucheintragungen mit der Entwicklung des Nachwuchses, werden entweder im Verzeichnis FAM geführt oder sofort unter einem eigenen Verzeichnis für das Kind.

■ Ein Verzeichnis JOB sollte, wenn gleichzeitig mehrere Arbeitsverhältnisse bestehen, für jeden Arbeitgeber angelegt werden.

■ Das Löschen des JOB-Verzeichnisses bei Beendigung des Arbeitsverhältnisses dokumentiert eindeutig die in den Arbeitsverträgen geforderte Herausgabe bzw. Vernichtung aller firmeneigenen Unterlagen.

■ Innerhalb der Verzeichnisse FAM und IND richtet man sich nach seinen eigenen Namens- und Strukturierungskonven tionen, im Verzeichnis JOB werden die Daten am besten gemäß den Unternehmensrichtlinien gespeichert.

Persönliche Datenkategorisierung

Nicht alle Daten einer Familie oder einer Person werden sinnvollerweise in einem einzigen Verzeichnis stehen – zu umfangreich und zu unterschiedlich sind sie. Es empfiehlt sich daher, eine bestimmte Kategorisierung vorzunehmen. Folgende Kategorisierungen sind u.a. denkbar:

- nach Art der Dateien gemäß dem natürlichen Sprachgebrauch:
  - – Briefe
  - – Protokolle
  - – Einladungen
  - – Berichte
  - – Kalkulationen
  - – Adressen
  - – Bilder
  - – Graphiken
  - – Bestellungen
  - – Rechnungen

- nach Themen, Aufgaben und Prozessen:
  - – Planung
  - – Einkauf
  - – Produktion
  - – Verkauf
  - – Finanzen
  - – Schule
  - – Hobbies
  - – Gesundheit

- nach Objekten wie:
  - – Personen (alle personenbezogenen Dateien),
  - – Gütern (Dateien zu Gütern, die wir besitzen),
  - – Werken (Dateien zu Werken, die wir produzieren),
  - – Ereignissen (Dateien zu Ereignissen, die wir erleben),
  - – Kontakten (Dateien zu Kontakten, die wir pflegen).

In der Regel werden alle Sichtweisen genutzt, um die Verzeichnisstruktur und Namensgebung von Dateien sinnvoll zu regeln. Beispiele:

MAY_FAM
- – Verkauf
  - – Kalkulationen

- Briefe
- Graphik
- Adressen
- Finanzen
- Übersicht
- Steuererklärung
- Briefe

MAY_KARL

- Hobbies
- Briefe
- Einladungen
- Bilder

Das Dilemma ist, daß wir eine Hierarchie im Dateisystem aufbauen müssen, obwohl unsere Welt und unser Gehirn keineswegs hierarchisch funktioniert (auch wenn uns die Hierarchien im Leben immer wieder begegnen). Unsere Dateien-Strukturierung kann also nur ein pragmatischer Kompromiß für die Datenablage sein. Es geht uns hier, wie bei der Organisation eines Aktenschrankes: wir müssen uns für die Schränke, Ordner und Kapitel entscheiden und anschließend die Dokumente dort ablegen. Allerdings haben wir in unserem Computersystem zusätzliche Möglichkeiten wie Volltextrecherchen oder Indexierungen, um unsere Dateien schnell wiederzufinden.

In den modernen Datenbanken versucht man nun, von den Ablage-Hierarchien zu vernetzten und verknüpften Ablagesystemen zu kommen, mit der die Realität besser modelliert werden kann. Dabei führt die technische Entwicklung uns von hierarchischen Dateisystemen und Datenbanken über sogenannte Relationale Strukturen hin zu Objektorientierten Modellen, Datenbanken und Hyper-Systemen.

Zumindestens für die Daten, die in relationalen Datenbanksystemen und nicht in den hierarchischen Dateiverwaltungen abgelegt sind, können wir dies bereits heute nutzen. Wir werden daher im folgenden ein Modell der persönlichen Datenstrukturen entwerfen, wie es der Realität etwas näher kommt.

Persönliches Objektmodell

In der Informatik-Modellierung sprechen wir von Objekten, die die Realität durch Informationen und Funktionen (oder im Sprachgebrauch der Profis durch Attribute und Methoden) beschreiben. Sie bilden in der modernen Software-Entwicklung die Basis, um von den Anforderungen zu einem Anwendermodell zu kommen, das anschließend programmiert werden kann.

Fortschrittlichen Software-Paketen liegt eine solche Objekt-, Informations- bzw. Funktionsmodellierung quasi als Anwendungsentwurf zugrunde. Zum Beispiel hat die Firma SAP, das erfolgreichste deutsche Softwarehaus, zu all ihren kommerziellen Programmpaketen zunächst entsprechende Anwendungsmodelle entwickelt und erst hieraus die Programmierung vorangetrieben. Im öffentlichen Personennahverkehr gibt es ein sogenanntes ÖPNV-Datenmodell, an daß sich alle Anbieter von Software für diesen Bereich halten. Nur für das persönliche Informationsmanagement gibt es leider noch keinen Standard. Wir wollen dennoch einige erste Überlegungen hierzu anstellen:

In unserem Leben spielen folgende Objekte eine zentrale Rolle:

– Personen (wir selbst und andere Personen, die unser System nutzen),
– Güter (die wir besitzen, wie Häuser, Anlagen, Teppiche, CDs),
– Werke (die wir schaffen, wie Doktorarbeiten, Eigenheime, Patente),
– Kontakte (die wir pflegen zu Verwandten, Bekannten, Geschäftspartnern),
– Ereignisse (die wir durchleben, tun, verrichten – die unser Leben beschreiben).

Wir sind also als Personen eingebettet in ein Umfeld mit vielfältigen Kontakten, mit eigenem Besitztum und verbringen unser Leben bei Arbeit und Freizeit mit vielen Ereignissen und schaffen unser Lebens-Werk als Summe vieler einzelner Ergebnisse.

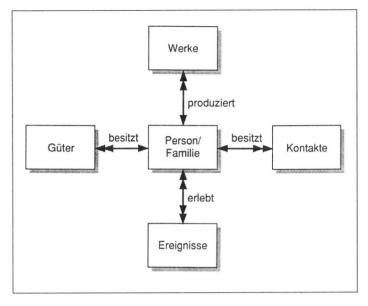

Persönliches Informations-Management-Modell

Das wichtigste Informationsobjekt hierbei ist das Ereignis:

■ Ereignisse beschreiben unser Leben.

■ Der Eigner eines Ereignisses ist die Person, die das Ereignis für sich in Anspruch nimmt und es als Teil der eigenen Lebensgeschichte begreift.

■ Mit einem Ereignis sind Ziele, Projekte und Ergebnisse verbunden. Sie verbrauchen Ressourcen und Kommunizieren über Nachrichten mit anderen.

■ Ereignisse sind:
   – Gegenwart, das, was wir gerade tun,
   – Zukunft, in Form unserer Ideen und Planungen, und
   – Vergangenheit, als unsere Erinnerung und Lebensgeschichte.

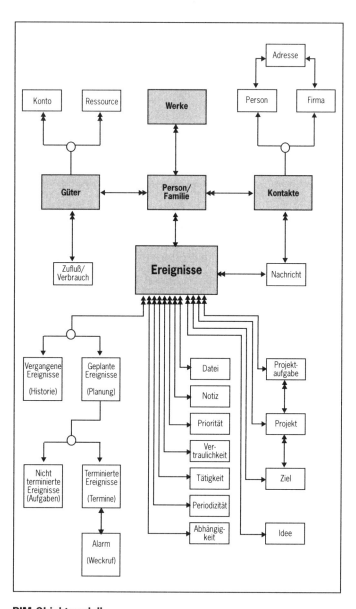

PIM-Objektmodell

■ Ereignisse sind termingebunden oder beliebig auszuführen.

Betrachten wir Ereignisse, sowie ihre Informationen, Funktionen, Verknüpfungen und Untergliederungen noch etwas näher:

– Ereignisse	werden untergliedert in	terminierte Ereignisse (Termine), sonstige Ereignisse (Aktivitäten),
– Termine	lösen aus	Alarm (das ein Termin bevorsteht),
– Ereignisse	werden ausgelöst durch	Nachrichten,
– Nachrichten	stammen von	Kontaktpersonen,
– Kontakte	werden untergliedert in	Unternehmen, Personen,
– Ereignisse	werden zugeordnet	Ziele, Projekte, Ergebnisse, Ressourcenverbrauch, Abhängigkeiten, Vertraulichkeit, Priorität,
– Ereignisse	sind	Planungen oder Historie.

Die oben benutzten Objekte und Begriffe, sowie deren Abhängigkeiten lassen sich zu folgendem Modell zusammenfassen, das wesentliche Teile unseres Lebens in Bezug auf die persönliche Informationsverarbeitung beschreibt.

Ein solches oder ähnliches Modell liegt den meisten der sogenannten PIM-Software-Pakete zugrunde, die für das persönliche Informationsmanagement entwickelt wurden und von der Terminplanung bis zur Adreßverwaltung reichen.

Persönliche Dateien und Datenbanken

Im Rahmen unseres PISA-Systems sind folgende Dateien und Datenbanken vermutlich schon heute auf fast jedem PC zu finden:

- Terminkalender, Aktivitätenlisten u.ä.,

- Namen und Adressen von Personen und Firmen,

- Kataloge für Sammlungen (von Büchern, Schallplatten etc.)

- Texte verschiedenster Ausprägung.

Für die beiden ersten Anwendungen ist häufig die Anschaffung eines eigenen integrierten Datenbank- und Anwendungssystems (z. B. eines PIMs) sinnvoll. Für andere, kleinere Datensammlungen ist ein gemeinsames Datenbanksystem zu favorisieren. Die-

Datensammlung	Software z. B.	Bemerkungen
Terminüberwachung	Time-Manager	Sammlung
Adressen	ACT	Sammlung
Projektübersicht	WINWORD	Sammlung
Arbeitsaufträge	EXCEL/	Katalog und Samm-
	WINWORD	lung
Diskettenarchiv	EXCEL	Katalog
Artikelsammlung	EXCEL /	Katalog und Samm-
	WINWORD	lung
Bücher	EXCEL	Katalog
Ausarbeitungen	EXCEL /	Katalog und
	WINWORD	Sammlung
Schallplatten	EXCEL	Katalog
CDs	EXCEL	Katalog
Speiselokale	EXCEL	Katalog
Wein	EXCEL	Katalog
Reisebeschreibung	EXCEL	Katalog und Samm-
		lung
Briefe	WINWORD	Sammlung
Studien	WINWORD	Sammlung
Jahresplanung	WINWORD	Sammlung

se Sammlungen können je nach Umfang und gewünschtem Komfort auch mit Tabellenverwaltungen oder Textsystemen administriert werden.

Für die Textverwaltung und Erstellung ist ein Textverarbeitungssystem notwendig. Bei Datensammlungen unterscheiden wir zwischen Katalogen, die bestimmte Objekte adressieren und verwalten, und den Objekten selbst, die in Form von Daten im Computer abgebildet sind.

Unter Bemerkungen wird dargestellt, ob nur die Kataloge oder auch die Objekte im Computer abgebildet sind. Für einzelne Sammlungen, bei denen die Objekte als Dateien abgespeichert vorliegen, brauchen keine eigene Kataloge (neben den Dateiverzeichnissen) geführt werden.

Externe Informationsangebote

Neben den Daten und Informationen, die persönlich kreiiert, gesammelt, eingegeben und aufgebaut werden, gibt es vielfältige Informationen, die am Markt käuflich zu erwerben sind. Dabei sind generell zwei Verfahren zu unterscheiden:

■ Informationen, die einmalig zur Verfügung gestellt werden z. B. in Form von CD-ROMs oder Disketten. Dabei handelt es sich meist um komplette „Datenbanken" wie z. B. ein Fremdwörter-Lexikon.

■ Informationen, die gezielt und aktuell abgefragt werden müssen. Dabei wird meist über eine entsprechende Telekommunikationsverbindung auf eine externe Datenbank zugegriffen und dann jeweils nur ein „Datensatz" z. B. eine aktuelle Zugverbindung als Antwort erwartet. (siehe hierzu auch Online-Dienste).

Immer, wenn ein Datenpool häufig benötigt wird und die Daten über einen längeren Zeitraum stabil bleiben, so empfiehlt es sich, diese Informationen in ihrer Gesamtheit einmalig zu beschaffen.

Der Kauf solcher Datenbestände ist meist kostengünstiger und zeitsparender. Eine Aufstellung einiger am Markt verfügbarer CD-ROM-Titel soll einen Eindruck verschaffen, nach was es sich alles lohnt zu suchen.

- Universallexikon
- Deutsches Wörterbuch
- Wörterbuch der Elektronik
- Who's Who
- Bible Library
- Family Doctor
- The Clipart Warehouse
- Multimedia Mania
- Encyclopedia of Sound
- Mulitmedia Beethoven
- Musical Instruments
- Cinemania '94
- Autos '94
- World of Trains
- Falk Stadtpläne
- Great Cities of the World
- Wonders of the World
- CD Planetarium
- Shakespeare Study Guide
- Guiness Disc of Records
- 30 Jahre Bundesliga
- American Idioms Dictionary
- Programmierer-CD-ROM
- C-User-Group-Library

Die Auswahl der verfügbaren CD-ROMs wird täglich größer. Spiele jeglicher Art können kaum noch übersichtlich dargestellt werden. Nach den Daten, der Graphik und der Musik wird nun auch das bewegte Bild für das Medium CD-ROM immer wichtiger.

Der Siegeszug der CD wird noch eine Zeitlang weitergehen. Mit neuen Aufzeichnungs- und Komprimierungsverfahren können immer mehr Daten auf einer CD untergebracht werden – genug für einen Video-Spielfilm der vollen Länge von 2 Stunden und mehr.

Wie die Käufer reagieren, bleibt dennoch abzuwarten. Wer sich an die seinerzeit hochgepriesenen Betamax-Videos oder Bildplatten erinnert, wird angesichts der bestehenden Formatvielfalt und -unsicherheit noch eine Weile weiter Musik-CDs oder Videokassetten kaufen, bevor er auf die digitalen CD-ROM-Angebote eingeht.

Gleichzeitig werden die Online-Zugriffe auf externe Datenbanken zunehmen, um nur noch bei Bedarf gezielt Informationen zu beschaffen.

PISA-Anwendungen

Wenn wir nun von PISA-Anwendungen sprechen, wollen wir uns damit beschäftigen, wie unsere persönlichen Anforderungen im Computer umgesetzt werden. In einem Informationsverarbeitungssystem sind die Informationen in Daten abgelegt und die Verarbeitung wird durch Computerprogramme vorgenommen. Das Zusammenspiel gilt es zu organisieren. Dazu müssen wir:

■ PISA-Computer-Anwendungen, die unsere zuvor gesammelten Anforderungen abdecken, definieren und gruppieren,

■ Programme festlegen, mit denen die Anwendungen realisiert werden sollen,

■ Ein- und Ausgabedaten für die Anwendungen bestimmen,

■ individuelle Einstellungen und Integrationsmaßnahmen für die Programme durchführen,

■ Anwendungsaufrufe auf dem Bildschirm plazieren.

Verfügbare Programme

Da in diesem Kapitel der Schwerpunkt auf den Computerprogrammen liegt, soll die nachfolgende Liste andeuten, was heute
auf dem Markt an Software zu erwerben ist. Dabei wurden zu verschiedenen Themengebieten Programme mit Namen und einem
Highlight (Werbeslogan) dargestellt. Sicher ist vieles davon schon
wieder veraltet, wenn Sie dies lesen, und täglich kommen neue
interessante Programme hinzu.

Betriebssysteme
- DOS   der Veteran,
- WINDOWS   der Standard,
- OS/2   das IBM-32-Bit-System,
- Unix   das Profi-System.

PC-Tools
- Norton Utilities   die Ergänzung zum Betriebssystem,
- WinSafe   Sicherheitsschloß für den PC,
- Conversions Plus   konvertiert alles (von Mac und PC),
- Uninstaller   putzt die Festplatte,
- CleanSweap   Aufräumen, Überwachen und Putzen,

Persönliches Informationsmanagement
- Packrat   der persönliche Informationsmanager,
- Task-Timer   der elektronische Kalender,
- Organizer   das Organisationstalent,
- Plan IT   Balkendiagramme,
- Portfolio   Portfolio-Analysen,
- Profilius   Stärken-Schwächen-Analysen,
- Superproject   der Profi-Projektmanager.

Office-Programmpakete
- HomeControl   die freundliche Software für die Famlie,
- MS-Works   der kleine Bruder von MS-Office,
- MS-Office   das Microsoft Office-Paket,
- WINWORD   die Microsoft-Textverarbeitung,
- POWERPOINT   die Microsoft-Präsentationssoftware,
- EXCEL   die Microsoft-Tabellenkalkulation,

– SmartSuite	das Lotus-Officepaket,
– Lotus 1-2-3	die Lotus-Tabellenkalkulation,
– WordPerfect	die LOTUS-Textverarbeitungen,
– LabelWriter	die Druckerei auf dem Schreibtisch,
– FormFlow	Design und Datenbank für Formulare,
– VisoExpress	Piktogramme für Office-Pakete,
– OrgPlus	Organigramme und Stammbäume,
– WinFax	Software für Vielfaxer.

Graphik und Design
– Corel Draw	Design- und Graphikprogramm,
– Designer	Standardwerkzeug,
– Ventura Publisher	Klassiker,
– Havard Graphics	Desktop Publisher-Klassiker,
– Arena Design	Virtual Reality-Design,
– PhotoMorph	der gleitende Übergang,
– Fractal Painter	der große Kunstmaler,
– Kalender-Druckerei	Wandkalender für jede Gelegenheit,
– Geburtstagszeitung	Zeitungserstellung mit Artikeln, Horoskopen u.v.m.

Multimedia & Desktop Video
– Fotoman	für die Digitale Kamera,
– Screen Maschine	für Video-Bearbeitung,
– ToolBook	Baukasten für Multimedia,
– Database Library	der unheimliche Verbinder,
– Macromedia Director	Regisseur für Mulitmedia,
– MCS Stereo	der PC als HiFi-Turm,
– ProShare	PC als Bildtelefon.

Konstruktion/Produktion/Verwaltung
– AutoCAD	der Konstruktions-Klassiker,
– Windows-CAD	2D-CAD-Programm,
– WOHNUNGSplaner	Grundrißzeichnen einfach gemacht,
– Hausverwaltung	für bis zu 100 Mietobjekte.

Fremdsprachen
– UniVerse	schreibt auf Japanisch,
– Unitype	Schrift für175 Fremdsprachen,

–   Power Translator   Software, die übersetzt.

Forschung und Wissenschaft
–   Mathcad   für technisches Rechnen,
–   Maple V   die höhere Mathematik,
–   ChemWindows   Moleküle auf dem Monitor,
–   UniStat for Windows   der Traum des Statistikers.

Sales & Marketing
–   ACT   Verwaltung von Kontakten,
–   GfK-Daten   wer kauft was?
–   Akquiso OptiMax   macht Verkäufer fit.

Finanzen
–   PCKaufmann   die Kaufmännische Abteilung,
–   Quicken   organisiert die Finanzen,
–   Turck-Baufi   Oldtimer der Baufinanzierung.

Wissen/Trainer
–   PC-Steuer 95   der Steuerberater,
–   Tipplehrer   10-Finger-Blindschreiben,
–   Musik-Trainer   Lernen der Musiktheorie,
–   Der Gehirn-Jogger   Üben für Eignungstest.

Gesundheit
–   Checkup   Selbstdiagnose,
–   Hatschi   Stichwortverzeichnis,
–   Heilen   gute Tips aus der
                            Naturheilkunde.
Lifestyle
–   Fit&Gesund   für gute Ernährung,
–   Familienchronik   Ahnenforschungsanleitung,
–   Blake Stone   englisches Actionspiel,
–   3D-Mania   Strategiespiel,
–   SimCity   Planungsspiel.

Kommunikation
–   cc:Mail   von Lotus,
–   MS-Mail   von Microsoft,

- WinPhone   Call Center,
- ReachOut   Fernbedienung,
- CDPhone   Telefonieren kann man lernen,
- eNote   der elektronische Klebezettel,
- Laplink   die PC- / Laplink-Verbindung,
- Netware   das Novell-Netzwerk,
- Windows NT   das Microsoft-Netzwerksystem.

Datenbanken
- ACCESS   das DB-System von Microsoft,
- Paradox   das DB-System von Borland,
- dBase   der PC-Klassiker,
- Informix   einer der Top 3,
- Sybase   einer der Top 3,
- Oracle   einer der Top 3,
- Adimens   der deutsche Datenbank-Oldie.

Was auffällt:

■ Es gibt quasi zu jedem Thema bereits mehrere Computer-Programme.

■ Es werden Pakete verkauft, in denen sowohl Programme als auch Daten enthalten sind, wobei der Schwerpunkt jeweils unterschiedlich gesetzt ist. So werden bei einem Textverarbeitungsprogramm meist ein paar Musterdokumente mitgeliefert. Bei einem geographischen Paket sind es Karten, die als Daten bzw. Graphiken gekauft werden, wobei ein Programm zum Betrachten und Auswählen mitgeliefert wird.

■ Für die meisten Anwendungen sind heute nahezu vergleichbare Pakete auf dem Markt vorhanden. Über Update-Versionen werden jeweils die neuen Funktionen eines Programmes von den Mitbewerbern bald ebenfalls angeboten.

■ Die meisten Softwarehäuser kommen aus Übersee, sprich Amerika, wobei die Programmierer häufig in östlicher Richtung nämlich in Indien, Philippinen oder auch Rußland sitzen. Deutsche Versionen sind nicht immer sofort erhältlich.

- Es gibt Pakete, die für den privaten Bereich im 100 DM-Bereich liegen, vieles Gute wird aber auch schon für viel weniger angeboten. Und im günstigsten Falle finden Sie sogar eine geeignete Shareware, die ganz kostenfrei oder gegen eine kleine Gebühr erhältlich ist.

- Die Softwarehäuser versuchen einen großen Teil ihrer Einnahmen über Updates, d.h. neue Programmversionen zu erzielen. Diese bieten häufig für den Endverbraucher nur unwesentlich Vorteile, auf die man gelegentlich verzichten sollte. Andererseits ist sicherzustellen, daß die wesentlichen Datenbestände stets auf einem Stand gehalten werden sollten, der mit aktuell auf dem Markt erhältlicher Software bearbeitet werden kann.

Anwendungsgliederung

Die primäre Wertschöpfungkette
Wir definieren nun gemäß der Gliederung der Anforderungen in den entsprechenden Kapiteln zunächst folgende Themenbereiche:

- Planungen,

- Einkauf,

- Produktion,

- Verkauf und

- Controlling.

Als Sequenz oder Prozeßkette entspricht dies einem natürlichen Ablauf, bei dem nach einer Planung und Beschaffung, Dinge produziert und verkauft werden. Das Ergebnis wird im Controlling der Ausgangsplanung gegenübergestellt. Da Planung und Controlling die Prozeßkette zu einem Regelkreis verbinden, sollen diese Themenbereiche zusammengelegt werden zu Planung/Controlling.

Wenn wir in unserem Leben etwas schaffen und bewegen wollen, so wird es häufig in dieser Reihenfolge ablaufen. Es ist der primäre Wertschöpfungs-Kreislauf unseres Lebens.

Die lebenslangen Themen
Parallel zur primären Wertschöpfung gibt es Themen, die uns lebenslang beschäftigen und die eine Basis für unsere gesamte Existenz und Fortentwicklung bilden. Diese kann man zusammenfassen in:

■ Leben/Gesundheit/Essen/Wohnen,

■ persönliche Entwicklung,

■ Finanzen- und Rechnungswesen,

■ Lifestyle / Entertainment.

Wir brauchen eine Grundversorgung mit Essen und Wohnen, die für Gesundheit und Lebensfähigkeit notwendig sind. Wir müssen uns als Persönlichkeit mit Wissen und Verhaltensprofil weiterentwickeln. Wir brauchen Geld und Vermögen als Lohn unserer primären Wertschöpfung und als Absicherung in unserer Wirtschaftsordnung. Und wir brauchen Unterhaltung, Hobbies, Spiele und vieles mehr, was unser Leben lebenswert macht.

Unterstützende Servicebereiche
Um die vorherigen Lebensbereiche aus der Sicht der Informationsverarbeitung zu unterstützten, sind folgende Themen als Querschnittsfunktion sinnvoll:

■ Büroarbeiten,

■ Datenverwaltung,

■ Kommunikation und

■ Systemadministration.

Unter Büroarbeiten werden alle individuellen Informationsverarbeitungs-Anwendungen unterstützt, die nicht als separate spezielle Anwendungen anderweitig definiert wurden. Im Thema Datenverwaltung sollen alle möglichen Datenbanken als Informationsquellen zur Verfügung gestellt werden. Unter Kommunikation sind Vernetzungen, Online-Dienste und Informationstransfers zusammengefaßt. Die Systemadministration schließlich betrifft die notwendige Pflege und Wartung des PISA-Systems.

Anmerkung
Die obige Gliederung kann abgewandelt werden. Wichtig ist, daß es überhaupt eine Gliederung in Themenbereiche gibt, denn sie erleichtert das Zurechtfinden in den vielfältigen Anwendungen.

Anwendungsdefinitionen

Nun wollen wir in einer Tabelle Anwendungen benennen, die wir zur Abdeckung unserer Anforderungen an ein PISA-System benötigen könnten. Um den Überblick zu vereinfachen, soll dabei eine Einordnung in die soeben vorgenommenen Themenbereiche erfolgen.

Planungen / Controlling
Lebensplanungsverwaltung, Jahresplanung, Terminkalender, Tagebuch, Testament.

Einkauf
Einkaufszettel, Einkaufsvorhaben, Ehegattenaushilfsvertrag, Musterangebotsaufforderung, Angebotsvergleichstabelle.

Produktion/Beruf
Arbeitsvertrag, Projektstatusbericht, Muster Protokoll, Checkliste Arbeitsablauf, Vortrag xxx, Artikel xxx, Zeiterfassung.

Verkauf
Verkaufsübersicht, Bewerbungsmuster, Bewerbung xxx, Aushang Verkaufsangebot xxx.

Finanz- und Rechnungswesen
Haushaltsbuch, GuV Immobilienobjekt xxx, Gehaltsentwicklung, Anlagen-Aufstellung, Steuererklärung, Baufinanzierungsplan, Rentenplan, Versicherungsüberblick.

Leben, Gesundheit, Essen und Wohnen
Körper-Kenngrößen, Sport-Rekorde, Krankheitsübersicht, Arztübersicht, Elektronisches Doktorbuch, Wohnungplan, Lageplan, Instandhaltungsplan, Handwerkerübersicht.

Lifestyle / Hobbies
Spiel xxx, Spielstatistik xxx, Musikhören von CD, Muster Grußkarte, Muster Hochzeitskarte, Muster Einladung, Sammlung liebste Beschäftigungen, Kochrezepte, Reiseberichte.

Persönliche Entwicklung
Schulnotenstatistik, Fremdsprachen-Kurs xxx, Intelligenztest, Psychologietest, Auflistung Seminarbesuche.

Büroarbeiten
Textverarbeitung, Tabellenkalkulation, Graphik-Programm, Datenbank-Programm, Briefmuster, Serienbriefmuster, Notizformular, Verteiler, Formular-Editor, Label-Druckerei.

Datenverwaltung
Mind Maps, Adreßdatenbank, Artikelsammlung, Schallplattensammlung, Diskettensammlung, Fahrplanauskunft, Lexikon xxx.

Kommunikation
Abgleich Laptop – PC, Aufruf Datex-J, Aufruf Compunet, Aufruf Internet, Faxversand, Mailbox xxx, Filetransfer zum Unternehmen.

Systemadministration
System-Einstellung xxx, wöchentliche Sicherung, jährliche Sicherung, System-Aufräumprocedure, System-Problemübersicht, System-Benutzerberechtigung, Systemdiagnose, Viren-Scanner, Virendoktor, Platten-Compression, Dateien-Reparatur, Volltextsuche, Inventar- und Lizenzaufstellung, PISA-Dokumentation.

Diese Auflistung kann weder vollständig sein, noch dauerhaft Gültigkeit erlangen. Sie wird jeweils nur einen Version- oder Planungsstand beinhalten. Die mit xxx gekennzeichneten Anwendungen können mehrfach mit unterschiedlichen Daten vorhanden sein. Es empfiehlt sich, im konkreten Fall diese einzeln anzugeben.

Anwendungsgestaltung und -umsetzung

Die zu realisierenden Anwendungen können weiter konkretisiert werden:

■ Themenbereich: gemäß obiger Gliederung.

■ Anwendung: Titel einer Aufgabe, die mit Hilfe des PCs gelöst werden soll.

■ Verarbeitung: Verbale Kurzbeschreibung der Anwendung.

■ Nutzen: Vorteile, die diese Anwendung gegenüber der herkömmlichen z.b. manuellen Verarbeitung verspricht.

■ Nutzer: Personen, die im PISA-System diese Anwendung betreiben möchten.

■ Realisierungsstand: Vermerk, ob diese Anwendung geplant, im Test oder bereits verfügbar ist. Hier kann auch eine Versionszuordnung erfolgen (z.b. geplant fürVersion 1/96).

■ Aufruf: Darstellung, wie die Anwendung im PISA-System gestartet werden soll. Häufig wird dies durch das Anklicken eines entsprechenden Symbols (IKONs) auf dem Bildschirm erfolgen.

■ Unterlagen: Dateien, die bei der Bearbeitung genutzt werden.

■ Programm: Computerprogramm, das die Bearbeitung vornimmt.

■ Ergebnis: Dateien, die neben der Darstellung auf dem Bildschirm, dauerhaft erzeugt oder verändert werden.

Beispielhaft soll folgende Anwendung beschrieben werden:

Themengebiet:	Vertrieb
Anwendung:	Bewerbungsunterlagen produzieren
Verarbeitung:	Musterbewerbung laden, Musterbewerbung auf Aktualität prüfen, ggf. aktualisieren und abspeichern, Musterbewerbung individuell anpassen ausdrucken und abspeichern
Nutzen:	Schnelle, fehlerfreie Erstellung von Bewerbungen
Nutzer:	Günther
Realisierungsstand:	Geplant bei nächster Bewerbung.
Programm:	Winword.
Aufruf:	IKON Bewerbung
Unterlagen:	Musterbewerbung Datei: /Günther/Verkauf/Bewerb-0.doc
Ergebnis:	Musterbewertung aktualisiert Datei /Günther/Verkauf/Bewerb-0.doc Bewerbung (Papier) Bewerbung (gespeichert) Datei /Günther/Verkauf/Bewerb-xxx.doc wobei xxx der jeweilige Unternehmensname ist

PISA-Benutzeroberfläche

Unter der Benutzeroberfläche wird die Mensch-Maschine-Schnittstelle verstanden – mit ihren Ein- und Ausgabegeräten wie Bildschirm, Tastatur, Maus und Drucker. Zunehmend werden auch Scanner, Mikrofon, Videos, Musikinstrumente, Lautsprecher, Chipkarten und Graphik-Tableaus benutzt. Großcomputeranwendungen alter Prägung, wie Flugreservierungssysteme, setzen 10 bis 15 Prozent ihrer Rechnerkapazität für das Benutzerinterface ein. In einem PC mit graphischen Bildschirmen werden ca. 85 Prozent für diese Aufgabe verbraucht. Noch extremer wird das Verhältnis beim künftigen „intimen" Computer: er wird vermutlich 90 bis 95 Prozent seiner Leistung für die multimediale Kommunikation mit dem Anwender aufbringen.

Seit geraumer Zeit geistert die Vision vom papierlosen Büro in den Köpfen der DV-Freaks und Organisatoren. Daß dies bis heute in keinster Weise umgesetzt ist, mag ein Beweis für die Notwendigkeit von weiteren technischen und organisatorischen Verbesserungen sein. Wir wollen nun einige Aspekte der Benutzeroberfläche unseres PISA-Systems diskutieren.

PISA-Bildschirm

Folgende allgemeinen Möglichkeiten der Bildschirm-Gestaltung sollten geprüft, eingerichtet und genutzt werden:

Start-Bildschirm
Nach dem Systemstart soll ein Übersichtsmenue erscheinen, bei dem alle PISA-Anwendungsgruppen auf dem Bildschirm präsentiert werden. Alternativ kann auch der Bildschirm, der beim Ausschalten des Systems in der letzten Arbeitssitzung angezeigt wurde, beim neuerlichen Systemstart zuerst erscheinen.

Grundeinstellungen
Hintergrundbild, Symbol-Anordnungen, Farben, Fenstergrößen, Bildschrimauflösung – all dieses ist einmal ausführlich mit den Möglichkeiten des Betriebssystems zu variieren und zu testen, um es dann für das eigene PISA-System festzuschreiben.

Anwendungsbeschriftung
Die Anwendungen sind durch Namen und IKONs zu beschriften. Es ist zu prüfen, welche IKONS verwendet werden und ob hierüber eine weitere Transparenz des Systems zu fördern ist. Aussagekräftige IKONs findet man in umfangreichen IKON-Bibliothe-

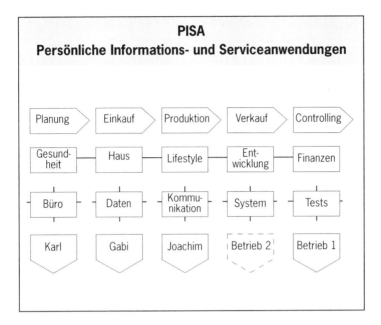

Der PISA-START-Bildschirm

ken, die mittlerweile fast in jeder PC-Grundausstattung enthalten sind.

Geöffntete Anwendungsgruppen und gestartete Programme
Je nach Arbeitsstil kann es sinnvoll sein, direkt beim Programmstart einige Anwendergruppen als Fenster zu öffnen, um die einzelnen Anwendungen zu zeigen (z.b. die Büroanwendungen). Weiterhin sollten permanent benötigte Programme sofort gestartet werden (z.b. Time-Manager, Viren-Detektor).

Bildschirm-Schoner
Um bei unveränderten Bildschirmanzeigen während Arbeitspausen ein Einbrennen der Bilder am Schirm zu verhindern, wurden sogenannte Bildschirmschoner erfunden. Sie zeigen nach einer gewissen Zeit automatisch bewegte Bilder wie fliegende Unter-

tassen, Aquarien oder sonstige zufallsgetriebene Movies. Einen solchen Bildschirm-Schoner gilt es einzurichten.

Es ist stets darauf zu achten, daß die einzelnen PISA-Anwendungen leicht zu finden sind und mit möglichst wenigen Eingaben (Mausklicks) gestartet werden können.

Beispiel für die persönliche Informationsverarbeitung

Themenkreise	Anwendungs-Gruppen auf dem Bildschirm
■ Primäre Anwendungen	
– Planungen/Controlling	F Planung,
– Einkauf	F Einkauf,
– Produktion/Beruf	F Produktion,
– Verkauf	F Verkauf.
■ Begleitende Anwendungen	
– Leben/Essen/Gesundheit	F Gesundh.,
– Haus/ Wohnen	F Haus,
– Lifestyle / Entertainment	F Lifestyle,
– Persönliche Entwicklung	F Entwicklung,
– Finanz- und Rechnungswesen	F Finanzen.
■ Unterstützende Anwendungen	
– Büroarbeiten	F Büro,
– Datenverwaltung	F Daten,
– Kommunikation	F Kommunikation,
– Systemadministration	F System,
	F-System-Test.
■ Persönliche Anwendungen	
– pro Person	F-Gabi, F-Joachim,
	F-Karl.

Folgende Anforderungen für die PISA-Bildschirme sollten zusätzlich erfüllt werden:

■ Über den Bildschirm sollte die unseren Anwendungen zugrundeliegende Ordnung dargestellt werden. Dazu sind die Anwendungen entsprechend den Themenkreisen zu gruppieren. (Anwendungsgruppen).

■ Sind in einzelnen Gruppen zu viele Anwendungen bzw. Programm-Aufrufe enthalten, so empfiehlt es sich, diese Gruppe in mehrere aufzuteilen.

■ Es sind Zugriffe auf alle Ebenen des Systems vorzubereiten, d.h. auf das Betriebssystem, auf die reinen Programme, auf Anwendungen, die aus der Verknüpfung von Daten und Programmen bestehen.

■ Jeder Nutzer sollte seine Anwendungen in eigenen Anwendungsgruppen und mit eigenen Zugriffsberechtigungen organisieren können. Am besten sollte jeder Nutzer nur die Anwendungen, zu denen er eine Zugriffsberechtigung hat, auf dem Bildschirm sehen.

■ Für betriebliche Anwendungen werden eigene Strukturierungen angelegt.

Der Gruppen-Name bezeichnet die Themen- bzw. Anwendungsgruppe und wird durch einen Präfix für die jeweiligen Nutzer nochmals unterschieden.

Wie die Anwendungs-Gruppen auf dem Bildschirm präsentiert werden, hängt von den Möglichkeiten des Betriebssystems ab. In der Regel wird pro Anwendungs-Gruppe ein IKON mit entsprechender Beschriftung zur Identifikation und zur Darstellung genutzt. Es gibt auch die Möglichkeit der bildlichen Darstellung z.B. von Büros mit Planungstafel, Eingangs- und Ausgangkörben, Aktenschränken, Telefon und Schreibtisch. Die verschiedenen Einrichtungsgegenstände und Darstellungen können Anwendungsgruppen symbolisieren. Klickt man diese an, gelangt man zu den einzelnen Anwendungen.

187

Programm-Manager

Datei Optionen Fenster Hilfe

PISA
Persönliche
Informations-
Support-Anwendungen

F GABI   F Karl   F JOACHIM

B Planung   B Einkauf   B Produktion

F-Notfälle   F Haus   F Wissen

F-Planung   F-Einkauf   F-Produktion

Planung

LIFE Lebensplan   Jahresplan   Time Manager   Motivation   Projekt Planung

Existenz Sicherung   Blick in die Zukunft   Sicherheit Szenarien   Lebensalter Erwartung   Testament

B Verkauf   B Finanzen   B Büro   B Daten   F-System Autostart

F-Gesundheit   F-Lifestyle   F-Spiele   F-System Test   F-Kommunikation

F-Verkauf   F-Finanzen   F-Büro   F-Daten   F-System

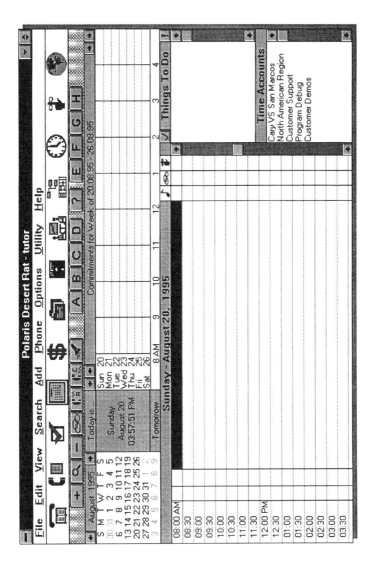

PISA-Ausdrucke

Die PISA-Ausdrucke und Dokumente sind wie Visitenkarten. Die Gestaltung schriftlicher Unterlagen ist Teil des eigenen „Corporate Designs" und trägt wesentlich zum Bild bei, das man in seinem familiären, beruflichen und öffentlichen Umfeld von sich erzeugt.

Früher galt „Kleider machen Leute", heute könnte man formulieren „wie man Ausdrucke gestaltet, so wird man eingeschätzt". Daß dies keine Übertreibung ist, wird z. B. bei Bewerbungsunterlagen schnell deutlich, wo Unübersichtlichkeit, Rechtschreibfehler oder Ausdrucksweisen schnell zum K.O.-Kriterium werden.

Die Verwendung möglichst gleicher und passender Layouts und Designnormen ergeben auf Dauer ein unverwechselbares Erscheinungsbild, das zur Person passen sollte. Wer mit dem Anspruch hoher fachlicher Qualität einem anderen Menschen gegenübertritt, muß dies auch durch eine entsprechende Qualität der eigenen Dokumente belegen. Es gilt daher, entsprechend standardisierte persönliche Layouts zu entwickeln, die für Briefe und andere Schriftstücke verwendet werden. Es sind z. B. folgende Vereinbarungen mit sich selbst zu treffen: Schriftart, Schriftgröße, Seitenränder, Zeilenabstände, Kopf- und Fußzeilen, Seiten- und Kapitelzähler, Farben, Logos und Symbole.

Weiterhin sind nützliche Informationen wie Erstellungsdatum, Autor, Druckdatum oder Dateiname immer an der gleichen Stelle z. B. in der Dokumentenfußzeile kleingedruckt zu plazieren.

Die Vereinbarungen müssen für unterschiedlichste Druckerzeugnisse gelten wie z. B. für Texte, Deckblätter, Gliederungen, Tabellen, Folien, Briefe. Gleiche Layoutrichtlinien gelten im übrigen auch für Ergebnisse, die auf dem Bildschirm dargestellt werden sollen – also für Bildschirmmasken, sogenannte Dia-Shows als Aneinanderreihung von Präsentationsfolien auf dem Bildschirm oder komplette Multimedia-Shows.

Wie erreichen Sie nun als Nichtgraphiker und Nicht-Schriftsetzer ein ansprechendes, personenbezogenes Design? Als Hilfsmittel können folgende Quellen genutzt werden: Muster- und Beispieldateien in den verfügbaren Programmpaketen; Bücher über Dokumentengestaltung; CI- bzw. CD-Manuals in Ihren Unternehmen; Dokumente, die Sie erhalten und die einen guten Eindruck hinterlassen.

Im übrigen verlassen Sie sich auf Ihren persönlichen Geschmack, denn die Festlegungen sollen schließlich einen Teil von Ihnen widerspiegeln. Wenn Sie ein moderner Mensch sind, dann werden Sie eine moderne Schriftart wählen, wenn Sie sehr romantisch veranlagt sind, empfehlen sich eher verschnörkelte Buchstaben.

Die Layoutnormen werden in den entsprechenden Druckformatvorlagen und Musterdokumenten eingestellt und somit deren Einhaltung weitgehend vorbereitet.

Der Druckvorgang in Ihrem persönlichen Informationssystem sollte zeit- und kostensparend gestaltet werden. Auch hierzu gilt es, im System verschiedene Vorkehrungen und Einstellungen zu treffen und sich einige Verhaltensgrundsätze anzueignen:

■ Formatieren Sie Ihren Text erst, wenn er inhaltlich erstellt ist!

■ Drucken Sie erst, nachdem Sie das Drucklayout auf dem Bildschirm überprüft haben! Entsprechende Funktionen sind in vielen Programmen enthalten. Sie sparen Zeit und Papier.

■ Drucken Sie parallel zur weiteren Bildschirm-Arbeit in einem sogenannten Hintergrundprozeß! Dies ist mit den meisten Computern heute möglich.

■ Drucken Sie vor Arbeitspausen oder am Ende einer Computersitzung – dies erspart unnötige Wartezeiten!

■ Drucken Sie über vorgefertigte, zusammengestellte Druckprozeduren, wenn Sie z. B. mehrere Dokumente hintereinander auszugeben haben!

■ Spezifizieren Sie Ihre Druckwünsche auf Ihre Bedürfnisse und drucken Sie nicht unüberlegt! Sie können sich z. B. auf ein

zelne Seiten beschränken, mehrere Kopien drucken, die Druckqualität einstellen und entsprechendes Papier einlegen.

■ Verzichten Sie auf zuviel unterschiedliches vorbedrucktes Papier, das jeweils getrennt beschafft und eingelegt werden muß!
Vielfach wird schon das Briefpapier komplett in der Textverarbeitung mitgestaltet und nicht mehr von einer Druckerei
besorgt.

■ Bereiten Sie Massendrucksachen wie Serienbriefe durch entsprechende Standardroutinen und Muster vor!

■ Verwenden Sie eigene Aufrufe auf ihrem PISA-Bildschirm für
immer wiederkehrende Druckanforderungen!

Je nach eigenen Bedürfnissen beschaffen Sie sich zusätzlich zur
normalen DIN A4-Ausgabemöglichkeit einen Labeldrucker, End-
losdrucker, Plotter, Barcodedrucker oder ähnliche andere Ausgabegeräte. Sollte die Druckqualität Ihrer eigenen Hardware nicht
ausreichend sein und Sie professionelle Hochglanz-Prospekte
benötigen, so klären Sie ab, von welchem Geschäftspartner Sie
dies (auch bei geringen Auflagen) produzieren lassen. Die Druck-
vorlagen sollten auch in diesem Fall direkt aus dem Computer
kommen. Die Druckereien sagen Ihnen, welche Dateiformate sie
verarbeiten können.

Mit einem Label-Manager-Programm können Sie professionelle
Etiketten aller Art designen: Aktenordner, Schubladen, Musik-
cassetten, Maschinenteile, Adreßaufkleber usw. Im Bürohandel
gibt es hierzu ein großes Angebot selbstklebender leerer Etiketten auf DIN-A4-Bögen, die Sie mit Hilfe der entsprechenden Programme bedrucken können.

Einbindung und Ersatz von anderen Geräten

Es gibt im Haushalt viele Geräte, die für eine Verbindung mit
dem Rechner in Frage kommen oder durch diesen zu ersetzen
sind. Die Verbindungen mit Computern schaffen den Vorteil, daß

die gewohnten PC-Bildschirme und Benutzerführungen verwendet werden können und bereits eingegebene Daten wie z. B. Telefonnummer nicht in jedes Gerät neu eingetippt werden müssen. Der Ersatz von Geräten durch den PC kann darüber hinaus Platz- und Kostenvorteile bringen. Prüfen Sie folgende Verbindungen:

PC und Telefon
Der Wählvorgang wird dabei durch das Markieren von bereits im Computer gespeicherten Nummern ersetzt. Dieser Vorgang verlangt deutlich weniger Aufmerksamkeit. Dazu müssen PC und Telefon miteinander verbunden werden und eine entsprechende Software verfügbar sein.

PC als Anrufbeantworter
Es gibt mittlerweile Hard- und Software, die den Anrufbeantworter in den PC integrieren.

PC als Fax-Gerät
Aus dem PC heraus kann man Faxe absetzen. Dies hat den Vorteil, daß beim Versand von am PC erfaßten Dokumenten der Weg über den Drucker gespart wird.

Der Computer kann auch als Fax-Empfänger dienen. Dazu ist aber notwendig, daß der PC eingeschaltet ist, wenn ein Fax erwartet wird. Wollen Sie die Texte eines Faxes, das im PC eingelaufen ist, weiter bearbeiten, so sind die als Bildpunkte verschlüsselten Schriftsätze zunächst durch eine Texterkennungssoftware in Textformate umzusetzen.

PC mit CD-ROM-Laufwerk als CD-Plattenspieler
Um im Arbeitszimmer immer schöne Musik zu haben, empfiehlt es sich, das CD-ROM-Laufwerk des Computers als CD-Player zu nutzen. Die Laufwerke sind in der Lage, auch die Codierung der Musik-CDs zu verstehen und umzusetzen.

PC als Radio oder Fernsehen
Mit entsprechenden Steckkarten kann der PC in ein Radio und auch ein Fernsehgerät verwandelt werden. Bei der Nutzung des

PCs als Fernseher ist dabei zu unterscheiden, ob die Video-Signale des Fernsehbildes nur an den Monitor in der normalen analogen Modulation durchgereicht werden, oder ob sie zunächst in digitale Zeichen umgesetzt werden. In diesem Falle müssen alle bewegten Bilder einzeln formatiert und berechnet werden – in einer Geschwindigkeit, die es erlaubt, sie anschließend quasi ohne Zeitverzögerung und Rucken auf den Bildschirm zu bringen. Erst die Digitalisierung bringt die Vorteile, die Sie üblicherweise von einer Verarbeitung mit Hilfe des Computers erwarten.

PC als Kopierer durch Nutzung eines Scanners
Bevor Sie sich einen Kopierer für Ihre Büroarbeit anschaffen, sollten Sie prüfen, ob nicht die Investition in einen Flachbrett-Scanner sinnvoller ist. Sie müßten dann die zu kopierenden Dokumente einscannen und anschließend direkt über den Drucker entsprechend häufig ausgeben. Dies wird zwar zunächst etwas zeitaufwendiger sein, hat aber den Vorteil, daß dadurch gleichzeitig alle Dokumente für die dauerhafte Archivierung in den Computer wandern.

PC als Entwicklungsgerät für elektronische Bilder
Es gibt Still-Video-Kameras, die keinen herkömmlichen Film mehr haben. Die mit ihnen gemachten digitalisierten Bilder werden auf einer Diskette in der Kamera gespeichert, die anschließend in einen PC eingelesen und ausgewertet werden kann.

PC in der Rolle des Universalgenies
als Uhr, Wecker, Alarmanlage, Diktiergerät, Voice-Box.

PC als Spezialist
PC's sind als Video-Schnittplatz oder Sound-Mischpult für Profis und Hausgebrauch aufzurüsten.

Steuerung von Anlagen und Automaten

Der PC kann als Steuerungsinstrument für das Ein- und Ausschalten von Beleuchtungen, die Überwachung der Raumtemperatur und Regulierung der Heizung sowie weitere Geräte eingesetzt werden.

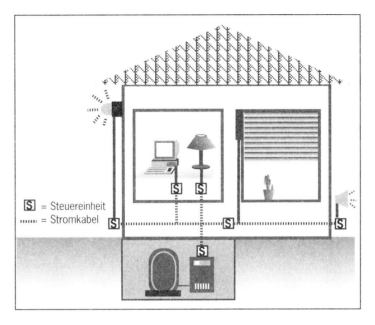

S = Steuereinheit
⸻ = Stromkabel

Elekromanagement

Eine interessante Entwicklung, das sogenannte Elektromanagement, nutzt das Stromnetz als Informationsträger, wodurch eine zusätzliche Verkabelung vermieden werden kann. Überall wo gemessen und geschaltet werden soll, wird ein intelligenter Stecker als Steuerstation zwischen Steckdose und Endgerät eingebaut. Über das gewöhnliche Stromnetz erhalten alle Stationen vom PC aus ihre Steuerdaten. Diese werden via einer eigenen PC-Anschlußkarte und Steuerungs-Software ins Stromnetz eingespeist. Einmal programmiert, arbeiten alle Stationen selbständig und ohne PC. Sie schalten Geräte ein und aus, steuern Aggregate uhrzeit- oder helligkeitsbedingt, messen den Stromverbrauch und werden in Zukunft noch mehr erledigen können.

Weitere Entwicklungen in dieser Richtung werden folgen. Es gilt, den Markt zu beobachten und bei der Neuanschaffung von Geräten zu prüfen, ob es bereits Anschlüsse für PCs gibt, ob Bediener-anleitungen auf Diskette ausgeliefert werden, ob kundenspeziellen Einstellung am PC vorgenommen und dann in das Gerät übertragen werden können. Analog zum oben beschriebenen Ansatz für das Elektromanagement gilt es die Entwicklungen zu verfolgen, bei denen unabhängige intelligente Steuerungsstationen in einem Netz mit dem PC zusammengeschaltet werden können.

Verbindung mit betrieblicher EDV

Die Verbindung zu der betrieblichen Informationsverarbeitung sollte je nach Umfang der häuslichen Arbeit einen mehr oder weniger hohen Automatisierungsgrad erreichen. Zwischen folgenden Stufen ist zu wählen:

■ Informationstransfer auf Papier,

■ Überspielen von Daten auf dem Umweg über Disketten,

■ Nutzung eines Laptops als Datenträger,

■ Aufbau von Online-Verbindungen per Modem, um Daten per File-Transfer in den eigenen Rechner zu kopieren,

■ Aufbau von Online-Verbindungen, die während der Arbeitssitzungen bestehen bleiben und einen permanenten Zugriff auf den Rechner im Unternehmen erlauben.

Läßt man die erste und letzten Möglichkeit außer Betracht, so führen alle anderen Vernetzungen zu der bereits beschriebenen organisatorischen Problematik, daß die Daten beim Kopieren ohne anschließendes Löschen auf dem Ausgangsmedium plötzlich doppelt vorhanden sind. Es ist sicherzustellen, daß

■ jeder weiß, wer zur Zeit die Daten besitzt und diese verändern darf,

- die aktuellen Daten für den Betrieb im Zugriff bleiben – auch im Falle von Unvorhergesehenem wie Krankheit, Notfällen, Betriebsstörungen,

- die Daten immer noch den routinemäßig durchgeführten Sicherungen unterliegen,

- die betrieblichen Namens- und Speicherungskonventionen eingehalten werden.

Es empfiehlt sich, Prozeduren mit folgenden Verarbeitungsschritten aufzubauen: Kopieren der Datei von einem Speichermedium auf ein anderes, Sperren der Datei für Update-Vorgänge auf dem Ausgangsmedium.

Eine analoge Prozedur muß für den Rückweg bereitstehen. Werden Disketten verwendet, so sind auf dem privaten und betrieblichen Rechner jeweils Eingangs- und Ausgangsproceduren vorzubereiten.

PISA-Kommunikation und Online-Dienste

Kommunikationsarten

Gehen wir in unserer Kommunikation eine Ebene weiter nach draußen. Wir haben uns aus unserem eigenen Informationssystem heraus zunächst die betrieblichen Systeme erschlossen und wollen uns nun in die weite Welt, in das elektronische Global Village begeben. Dabei wollen wir uns weniger um die Techniken kümmern als vielmehr um die Lösung von Anforderungen. Generell sollten wir folgende Anwendungen unterscheiden:

- direkte Kommunikation über Online-Verbindungen,

- Elektronic Mail, Mail- oder Voice-Boxen,

■ Kommunikation in geschlossenen oder offenen Interessen-
gruppen,

■ Informationsversand z. B. bei Bestellungen,

■ Informationsabfragen unter Nutzung von Online-Diensten,

■ Anbieten und Durchführen eigener Informationsservices.

Ob Sie beruflich nach wichtigen Informationen suchen, als Sammler mit anderen Hobby-Kollegen Erfahrungen austauschen wollen
oder einfach nur mit anderen Menschen auf dieser Welt kommunizieren möchten – es ist direkt vom heimischen PC aus möglich.

Netze und Anbieter

Als Betreiber der entsprechenden Infrastruktur und Informations-
Datenbanken sind z. B. Telekommunikationsgesellschaften, DV-
Unternehmen und sogenannte Mehrwertdienste am Markt tätig.
Beispielhaft seien genannt:

– Datex-J/Btx   das System der deutschen Telekom,
– Internet   das System mit universitärem Ursprung,
– Compuserve   das kommerzielle System aus Amerika,
– Microsoft   der neue Global Player,
– E-World   die Alternative von Apple,
– Europa Online   eine neue europäische Initiative.

Diese weltweiten Systeme sind wiederum untereinander verbunden.

Das Internet nennt man das Netz der Netze. Es ist eigentlich nicht
kommerziell, es gehört niemanden und verbindet ca. 22 000 Teil-
netze mit geschätzten 2,3 Mio Rechnern und ca 25 Mio. Benut-
zern (Stand 2/95). Genaue Zahlen gibt es nicht, da niemand das
gesamte Netz verwaltet und kontrolliert. Es gibt viele Tools, um
in Internet zu arbeiten, angefangen vom einfachen ASCII-Termi-
nal via Telnet bis zum grafischen Hypertext-Tool WWW (World

Wide Web). Letzteres entwickelt sich zur Killeranwendung mit überragenden Zuwachsraten (geschätzt ca 36 000 pro Tag).

Installation

Wie kommen Sie in ein solches System hinein?

■ Technische Voraussetzung ist ein Modem mit einem Zugang zum Telefonnetz.

■ Sie fordern bei einem Systemanbieter oder einem seiner Serviceunternehmen einen Anschluß und ein Anschlußset an – wobei es häufig auch Angebote gibt, die nochmals Modem, Kabel und Stecker beinhalten.

■ Das Anschlußset beinhaltet den Software-Decoder, der lokal auf Ihrem Rechner zu installieren ist, und der die Kommunikation und Benutzerführung übernimmt.

■ Gleichzeitig oder parallel werden persönliche Zugangskennungen und Paßwörter mitgeteilt.

■ Nach der Installation können – wie so oft – individuelle Einstellungen vorgenommen werden: Landessprache und Zeichensatz, Bildschirmeinstellungen, Startproceduren, Kennwörter, etc.

Kosten

Die Kosten für Online-Dienste setzen sich neben den einmaligen Anschlußgebühren wie folgt zusammen:

Telefongebühren
Diese sind analog den normalen und bekannten Tarifen – uhrzeit- und entfernungsabhängig. Dabei ist nur die Strecke vom eigenen Standort bis zu einem ausgewiesenen System-Zugangspunkt, der sich meist in größeren Städten befindet, zu bezahlen. Insbeson-

dere hat man bei amerikanischen Systemen wie CompuServe keine Übersee-Gebühren zu entrichten.

Systemgebühren
Dies sind zunächst monatliche Grundgebühren für die Vorhaltung eines Nutzers im System, denn er muß mit Name, Adresse, Bankverbindung, Kommunikationsspeicherplatz, Paßwörtern etc. administriert werden. Hinzu kommen nutzungsabhängige Verbindungsgebühren, die meist abhängig von der Übertragungsgeschwindigkeit und Nutzungszeit sind.

Gebühren für zuschlagspflichtige Anwendungen
Häufig schalten Systeme wie Datex-J, Internet oder Compuserve auf andere Computer-Anlagen und Diensteanbieter durch, die ihrerseits Gebühren verlangen. Dies wird vor der Nutzung den Anwendern mitgeteilt.

Ein typischer Vertreter ist der Service Phone*File, der Name, Adressen und Telefonnummern von über 70 Millionen amerikanischen Haushalten bereithält. Sobald dieser Service angerufen wird, werden Sie über die Kosten informiert, die hier etwas 25 Cent pro Minute betragen.

Kosten für die Kontoführung
Der Vollständigkeit wegen erwähnt werden sollten auch die Kosten für die Kontoführung bei der Bank bzw. dem Kreditkarteninstitut, über das Sie die Zahlungen abwickeln.

Es ist durchaus nicht einfach, die entstehenden Gesamtkosten einzuschätzen und zu überwachen. Allein die Telefonkosten-Anteile gehen zur Zeit noch in einer pauschalen Telekom-Rechnung unter, sofern Sie nicht einen PC-Online-Anschluß mit eigener Telefonnummer nutzen.

Es empfiehlt sich, die jeweiligen Tarifstrukturen der Anbieter genauer zu analysieren, die Kostenhinweise und Auswertungen in den Systemen zu nutzen,eigene Erfahrungen und Aufzeichnungen zu sammeln, die Arbeiten im Netz entsprechend vorzubereiten und die kostengünstigen Anschlußzeiten zu nutzen.

Die Dienste-Anbieter verwenden mittlerweile teilweise verschiedene Gebührenordnungen, um den unterschiedlichen Anforderungen der Anwender gerechter zu werden.

Weiterhin wird über die Software auf Ihrem PC versucht, möglichst viel zunächst im dezentralen Rechner vorzubereiten, bevor die Leitungen in Anspruch genommen werden.

Anwendungen

Wir wollen nun eine Auswahl von typischen Anwendungen vorstellen, wie sie heute in solchen Online-Diensten und Datenbanken verfügbar sind:

- Zugriff auf Wissensdatenbanken,

- Zugriff auf aktuelle Nachrichten-Dienste,

- elektronischer Einkauf,

- Home Banking (Abwicklung der Bankaktivitäten von zu Hause),

- Reservierungen für Reisen,

- Absetzen eigener Mailings und Rundschreiben,

- Abhalten von elektronischen Konferenzen,

- Nutzung von Mailboxen,

- elektronischer Brief und Fax-Versand.

Zu den beliebten Anwendungen im sonst bisher wenig überzeugenden alten BTX zählten das elektronische Telefonbuch, Kommunikations-Spiele, Computer-Clubs.

Sehr störend dagegen waren vielfältige Versuche, die Benutzer mit zweifelhaften Angeboten aus den Rubriken Erotik, Sex und Rotlicht zu animieren. Bei Anwahl dieser gebührenpflichtigen Anwendungen wurden meist wenig erbauliche Bilddarstellungen schlechter Qualität, zweifelhafte Adressen oder simple Spielchen geliefert.

Perspektive – Informationshighway

Ein Blick auf die bisherigen Möglichkeiten des Telefonnetzes oder des schon deutlich schnelleren ISDN-Netzes macht auch die Grenzen deutlich – es fehlt das Hochgeschwindigkeitsnetz für multimediale Punkt-zu-Punkt-Verbindungen. Das Fernsehen bietet dies ansatzweise, allerdings nur als Einbahnstraße mit einer geringen Anzahl von Wahlmöglichkeiten bzw. Kanälen. Doch die Initiativen für umfassende Lösungen sind bereits ergriffen.

Gäbe es in der Informatik-Branche für die erste Hälfte der 90er Jahre ein Wort des Jahrzehnts, so würde der Begriff Informationshighway oder Datenautobahn mit Sicherheit zu den heißen Anwärtern gehören. Zumindest hat das, was US-Präsident Clinton zusammen mit seinem Vizepräsident Gore in den USA als große nationale Aufgabe definiert hat – nämlich die Schaffung des Informationshighways, zu einer Art Goldgräberstimmung und zu einem regelrechten Multimedia-Fieber geführt. In seltener Einigkeit gehen Telefon- und Kabelgesellschaften, Medienkonzerne und Computerfirmen an den Bau des elektronischen Schlaraffenlandes. Worum es allen geht, ist die Besetzung einer der interessantesten Wachtumsmärkte.

Was heißen diese Entwicklungen für unser persönliches Informationssystem und dessen Architektur?

■ Wir werden uns darauf einstellen müssen, daß das technisch Machbare auch irgendwann zu einem attraktiven Preis angeboten wird und dann zur Realität unseres Lebens dazugehört. Der Informationshighway wird kommen – zwar nicht so schnell, wie es die Marketingleute uns euphorisch ankündigen, dazu sind noch zu viele – auch technische – Probleme offen. Andererseits gibt es schon heute erste Vorläuferlösungen.

■ Wir sollten frühzeitig damit beginnen, das Kommunizieren per Computer zu üben. Wenn wir weiterhin im Leben erfolgreich sein wollen, so müssen wir mit den Entwicklungen Schritt halten, denn bekanntlich ist Stillstand Rückschritt.

■ Wir sollten uns eine positiv kritische Haltung bewahren. Die multimediale Kommunikation und virtuelle Realität wird immer nur eine modellierte abstrahierte Scheinwelt bleiben. Die volle Kommunikation wird erst im persönlichen Kontakt ganzheitlich erfolgen und die Welt erst auf Reisen hin zu den Menschen vor Ort wirklich zu erfahren sein. Dabei werden aber die Unterschiede zwischen Schein und Sein immer geringer.

Im Spannungsfeld von technischen Möglichkeiten und individueller Unabhängigkeit müssen wir uns selbst so organisieren, daß wir uns die Technik dort zu nutze machen, wo sie uns hilft, Freiräume für das wahre, menschliche Zusammenleben zu schaffen.

PISA-Systemadministration, Sicherung und Wartung

Systemdokumentation

Nach dem Ausflug in die weite Welt müssen wir zu sehr banalen Dingen zurückkommen. Die Notwendigkeit einer Beschreibung und Dokumentation unseres Systems.

Folgende Aufzeichnungen sind in jedem Fall hilfreich:

■ Inventarliste von Hardware und Software mit:
  – Datei als System-Inventarliste,
  – Sammlung der Rechnungen und Lizenzverträge,
  – Wunschliste von neuen Komponenten.

■ Datenhaushalt mit:
  – Organisation der Dateien,
  – Namenskonventionen,
  – Satzaufbau wichtiger Dateien wie z. B. Adressen.

■ Anwendungen, Programme und Datenbestände:
  – Verknüpfung von Anwendungen, Programmen und Dateien
  – Wunschliste von neuen Anwendungen.

■ Routinemäßige Wartungsaufgaben:
  – Sicherungskonzept,
  – Zeitplan für Wartungsaktivitäten
  – Problem- und Lösungsaufzeichnungen.

Zugangsberechtigung und Zugriffsschutz

Für ein DV-System sind folgende Schutzvorkehrungen und Berechtigungsprüfungen vorzusehen:

Physikalischer Schutz
Das System sollte nicht jedermann direkt zugänglich sein. Nutzen Sie das Schloß, das meist an den Geräten vorhanden ist. Lassen Sie Ihre teuren Geräte nicht unbeobachtet stehen. Auf Messen werden die Systeme meist sogar an eine Eisenkette gelegt und die Laufwerke mit einem Vorhängeschloß geschützt.

Bewachung des laufenden Systems
Am einfachsten können Unbefugte in Ihrem System Unheil anrichten, wenn dieses eingeschaltet und zur normalen Nutzung bereitsteht. Sie haben vermutlich schon eine Weile gearbeitet und sind nur für kurze Zeit aus dem Zimmer. Nun kann jeder sich problemlos in Ihrem System bewegen.

Benutzerberechtigungsprüfung
Im System selbst sind auf verschiedenen Ebenen die Schotten dicht zu machen. Leicht lassen sich beim Systemstart Nutzernamen und Paßwörter abfragen. Die Nutzung einzelner Programme und Dateien kann auf ausgewählte Personen beschränkt werden. Zu-

sätzlich können die Verarbeitungsarten eingeschränkt sein – auf lesenden oder schreibenden Zugriff.

Schutz vor Online-Zugriffen
Ist Ihr PC vernetzt und permanent eingeschaltet, so ist er gegen unbefugte Eindringlinge zu schützen. Dies erledigen z. B. sogenannte Firewall-Programme.

Datenverschlüsselung
Wenn Sie intime Daten haben, so sollten diese zusätzlich verschlüsselt werden, damit Sie nicht von jedermann gelesen werden können.

Spezielle Verfahren
Für besonders gefährdete Verfahren wie z. B. das Electronic Banking sind zusätzliche Sicherheits-Anforderungen zu stellen und entsprechende Verfahren entwickelt worden. Diese gilt es entsprechend den Vorgaben zu nutzen.

Was gilt es zusätzlich für unser persönliches Informationssystem zu beachten:

■ Da in dem System sowohl persönliche als auch betriebliche Daten verarbeitet werden sollen, gilt es entsprechende Abgrenzungen vorzunehmen.

■ Auch in einer Familie sollte jeder seine absolute Privatsphäre haben. Somit ist es notwendig, daß im PISA-System Datenbereiche vorhanden sind, die vor den neugierigen Augen anderer geschützt sind. Für den Systemadministrator bzw. den alleinigen DV-Profi unter den Nutzern wird dies meist sichergestellt sein. Aber was ist, wenn es besonders in Zukunft mit unseren am PC ausgebildeten Junioren mehrere Experten gibt, die die Versteckmöglichkeiten im PC kennen. Und was ist mit denen, die das System gerne nutzen würden, aber auch die Vertraulichkeit der eigenen Daten fordern? Eine Möglichkeit gibt es immer: Die persönlichsten Daten auf einer Diskette zu speichern und diese in einer Ecke zu lagern, in der auch die übrigen kleinen Geheimnisse aufbewahrt werden.

Sicherungen

Besondere Aufmerksamkeit verdient die Sicherung der Daten. Es ist unbedingt notwendig, daß sie regelmäßig erfolgt. Bei der Ausarbeitung ihres persönlichen Sicherungskonzeptes sind folgende Aspekte zu berücksichtigen:

Großvater – Vater – Sohn – Prinzip
Es sollen neben den Originaldaten die aktuelle Sicherung und die davor liegende Sicherung vorhanden sein, damit beim Ausfall einer Sicherungsversion noch eine zweite Chance besteht.

Kurzfristige und langfristige Sicherungen
Es gibt mindestens folgende Sicherungsstufen: Während der Arbeit mit Programmen wie z. B. Textverarbeitungen oder Tabellenkalkulationen können Speicherungen der aktuellen Arbeitsstände in bestimmten Zeitintervallen eingestellt werden.

Bei Beendigung einer Programm-Nutzung kann veranlaßt werden, daß die alten Arbeitsergebnisse bzw. Dateien in einer Backup-Version erhalten bleiben. So erhält z. B. die veraltete Version eines mit WORD bearbeiteten Textes den Suffix .BAK während das aktuelle Dokument die Endung .TXT trägt.

Es werden Sicherungen in bestimmten Zeitintervallen durchgeführt – bei denen alle oder ausgewählte Datenbereiche auf ein anderes Medium übertragen werden.

Für die Langzeitsicherung empfiehlt sich darüber hinaus eine zusätzliche Sicherung der wichtigsten persönlichen Dateien für die permanente Aufbewahrung an einem anderen Ort. Bei Unternehmen werden hier häufig feuersichere Tresore genutzt.

Komplette oder Delta-Sicherungsverfahren
Eine Gesamtsicherung kopiert alle Dateien, die Sie vor dem Starten der Sicherung ausgewählt haben. Dies können alle Dateien auf einer Festplatte oder auch nur alle Dateien eines Verzeichnisses oder eines bestimmten Dateityps sein.

Eine Zuwachssicherung kopiert nur die Dateien, die seit dem Durchführen der letzten vollständigen oder der letzten Zuwachssicherung geändert wurden. Da bei einer Zuwachssicherung nur geänderte Dateien gesichert werden, ist dieser Sicherungsvorgang schnell und schützt gleichzeitig vollständig vor Datenverlust. Eine Differentialsicherung kopiert alle Dateien, die seit dem Durchführen der letzten vollständigen Sicherung geändert wurden.

Eine Differentialsicherung dauert etwas länger als eine Zuwachssicherung. Dafür brauchen Sie beim Vorliegen einer Differentialsicherung zum Wiederherstellen immer nur die letzte vollständige Sicherung und die neueste Differentialsicherung.

Sicherungsmedium
Als Speicherungsmedium für Sicherungen kommen Disketten, Bänder, Festplatten und zukünftige auch beschreibbare WORMs in Frage.

Zusammenfassend sind folgende generelle Anforderungen zu erfüllen:

■ Die Sicherungsverfahren müssen doppelt sicher sein, d. h. es müssen noch Sicherungskopien vorhanden sein, wenn ein sogenanntes Backup nicht mehr lesbar ist, oder während einer Sicherung ein Hardware-Defekt auftritt.

■ Die Sicherung muß möglichst vollautomatisch, bestimmt aber regelmäßig ablaufen. Sie darf nicht Tageshektik oder Zufälligkeit unterliegen.

■ Die Sicherungen dürfen nicht zu viel Zeit in Anspruch nehmen, da sie keinen direkten Nutzen bringen und damit eine ohnehin lästige Zusatzarbeit darstellen.

■ Die Sicherungen und Rücksicherungen müssen getestet werden. Es dürfen keine Fehlinterpretationen oder Handlingsfehler dazu führen, daß vermeintliche Sicherungen nicht funktionieren und im Ernstfall der gewollte Schutz vor Datenverlust nicht vorhanden ist.

■ Die Sicherungen müssen in Formaten und mit Programmen erfolgen, die langfristig verfügbar sind.

Virenschutz

Computerviren sind Programme, die sich selbständig vermehren, meist ohne daß ihre Existenz erkannt wird. Computerviren können eine Vielzahl unterschiedlicher Symptome erzeugen und Aktionen durchführen. Bösartige Viren können unerwartet Änderungen am System vornehmen, Bildschirminhalte und Dateien löschen, Festplatten neu formatieren und Programme zum Abbruch führen.

Viren verbreiten sich auf unterschiedliche Weise. Es gibt Viren, die sich durch das Öffnen einer bereits infizierten Datei verbreiten. Andere befallen den Teil eines Festplattenlaufwerks, der steuert, wie ein Computer gestartet wird. Ein Virus, der eine Festplatte oder Diskette infiziert hat, kann sich sowohl auf Datendisketten als auch in Programmen vermehren.

Folgende Maßnahmen sind im eigenen System zum Schutz vor Viren zu ergreifen:

■ Das System muß auf Viren durchsucht werden können. Dieses Durchsuchen muß bei Bedarf oder auch automatisch z. B. jeweils im Rahmen des Systemstarts erfolgen.

■ Es müssen auch neue Virenarten gefunden werden. Da immer wieder Viren erfunden, programmiert und in Umlauf gebracht werden, sind die Viren-Schutzprogramme ständig auf dem neuesten Stand zu halten.

■ Neu ins System eingespielte Dateien müssen vor der Übernahme auf einen Infekt hin überprüft werden.

■ Virenverdächtige Aktivitäten im System müssen von einem Viren-Überwachungsprogramm gemeldet werden.

■ Die häufigsten Viren müssen mit Ihren Symptomen erkannt werden, um frühzeitig einen Virenbefall zu diagnostizieren und größeren Schaden zu verhindern.

■ Befallene Dateien und Systemkomponenten müssen von Viren befreit und Schäden müssen repariert werden.

■ Entsprechende Sicherungen müssen dafür Sorge tragen, daß auch bei einem schlimmeren Virenschaden die wesentlichen Daten noch auf älteren Sicherungen vorhanden sind, eine nicht infizierte Systemdiskette einen Systemstart erlaubt und die wichtigsten Anwendungsprogramme im Original vorliegen.

■ Es ist der Zugriff auf Experten sicherzustellen, denn wie bei vielen ernsten Krankheiten kann ein Laie durch unsachgerechtes Agieren eher den Schaden vergrößern, als eine richtige Diagnose durchführen und entsprechende Behandlungen einleiten.

Den besten Virenschutz erhalten wir durch unsere gesamte Arbeits- und Lebensweise:

■ Wir arbeiten nur mit seriösen Partnern und lizensierter Software,

■ wir gehen sorgsam mit unseren Systemen um und treffen Vorkehrungen,

■ wir bewahren im Schadensfall Ruhe.

PISA-Systemwartung

Hierzu ist notwendig, daß die routinemäßigen Wartungsaufgaben entweder maschinell in gewissen Zeitintervallen angestoßen werden oder über die Terminplanung in Erinnerung gebracht und dann manuell durchgeführt werden. Neben dem Systemmonitoring, d. h. der Überwachung und Beobachtung des Systems sind Bereinigungen und kleinere Verbesserungen vorzunehmen. Diese sind:

- Löschen von Dateien, die nicht langfristig benötigt werden,

- Umbenennen und Umhängen von Dateien, die nicht den Standards entsprechen,

- Auslagern oder Komprimieren von Dateien, die zu viel Platz beanspruchen,

- Einstellen von Sommer- bzw. Winterzeit,

- Nachstellen der Systemuhr,

- Reorganisation von Festplatten,

- Verbesserung der Systemeinstellungen (Tuning).

Notfall-Behandlung

Erste Hilfe durch Software-Werkzeuge
Um für bestimmte Problem- und Notfälle im Systembetrieb gerüstet zu ein, sollten folgende Werkzeuge zur Verfügung stehen:

– Systemdiagnose	zur Diagnose von Systemfehlern,
– Festplatten-Check	zur Überwachung und Wartung von Festplatten,
– Recovery	für Rücksicherung zerstörter Dateien,
– Undelete	für Reaktivierung gelöschter Dateien,
– Dateidoktor	für Reparaturen an beschädigten Datenbeständen,
– Viren-Check	zur Überprüfung von Viren-Befall,
– Virendoktor	zur Reparatur von durch Viren herbeigeführte Schäden.

Diese Funktionen stehen üblicherweise direkt im Betriebssystem oder in Tool-Sets wie den Norton Utilities zur Verfügung.

Problem-Datenbank
Darüber hinaus empfiehlt es sich, eine Problem- und Lösungsda-

tei aufzubauen, in der die eigenen Problemsituationen sowie deren Lösungen dokumentiert sind. Meist kosten Probleme immens viel Zeit, bis sie durch Experimente, Experten oder Suchen in Handbüchern gelöst werden. Treten solche Probleme nach längerer Zeit erneut auf, so ist es sinnvoll, die einmal gemachten Erfahrungen und Lösungen schnell wiederzufinden. Eine solche Problemdatei kann folgenden Aufbau haben: Problembereich (z. B. Programmnahme), Problem (z. B. wie beende ich das Programm), Lösung (z. B. durch Drücken von CTR-C).

Boot-Diskette
Startet der PC nicht mehr, hilft nur noch eine sogenannte Boot-bzw. Start-Diskette. Diese ist spätestens immer dann zu erstellen, wenn alle Programme einer neuen PISA-Version installiert sind. Dazu ist z. B.eine leere Diskette in Laufwerk A: für das Betriebssystem DOS mit dem Befehl Format A: /S zu bespielen.

Im Falle, das der Computer nun nicht mehr allein (also von der Festplatte aus) hochgefahren werden kann, ist diese Boot-Diskette einzulegen und das System erneut zu starten.

Computer-Notdienst
Wenn dies alles nicht wirkt, so kann ein Computer-Notdienst vielleicht weiterhelfen. Hier stehen Experten rund-um-die-Uhr für Computer-Unfälle und Ausfälle bereit. Die Adressen stehen im Telefonbuch. Die Kosten betragen meist mehr als 100 DM pro Stunde.

Händler-Service und Hotlines
Haben Sie Ihre PC-Anlage bei einem guten Händler beschafft, so bietet dieser meist im Rahmen von Kundenservice, Gewährleistung oder Wartungsverträgen eine Hotline mit erster Hilfe per Telefon an. Einige Computer-Zeitschriften haben ebenfalls Leitungen für fachlichen Rat eingerichtet.

PISA-Systemimplementierung

Vorgehensweisen

Wir haben bisher die gegebene IST-Situation beschrieben, Anforderungen an ein persönliches Informationssystem gesammelt und die Systemarchitektur diskutiert und konzipiert. Nun gilt es, das Gewünschte und Geplante auch in die Tat umzusetzen.

Wir können dabei verschiedene Wege einschlagen. Welche Strategie wir verfolgen, wird von der vorhandenen IST-Situation, den persönlichen Zielen, den verfügbaren Ressourcen wie von Zeit und Geld, sowie dem vorhandenen eigenen Know-how abhängen.

Kompletter Neuaufbau
Dies bietet sich an, wenn Sie entweder noch keinen eigenen Computer besitzen, oder gerade über eine Neuanschaffung der kompletten Hard- und Basis-Software nachdenken.

Einrichten auf einem vorhandenen System
Dies sollten Sie in jedem Fall tun, wenn Sie Ihre bisherigen Computeranwendungen spontan und ohne größere Systematik betrieben haben. Vielleicht möchten Sie nun, da Sie an der Computerunterstützung Gefallen gefunden haben oder vielleicht auch durch die Lektüre dieses Buches neue Potentiale entdeckt haben, alles auf eine geordnetere Basis stellen.

Partielle Weiterentwicklungen
Sie sind in der glücklichen Lage, Ihren Computer bereits im Sinne eines persönlichen Informationssystems genutzt zu haben. In diesem Falle empfiehlt sich sicher eine partielle Weiterentwicklung - denn gerade im Informatikbereich gibt es durch die schnellen Technologieverbesserungen immer wieder neue Möglichkeiten, die es zu berücksichtigen gilt.

Natürlich sind diverse Mischformen dieser globalen Entwicklungswege möglich. Alle drei Strategien setzen sich aus folgenden Bausteinen zusammen:

- Auswahl und Kauf von Hard-/Software,

- Installation der Komponenten,

- Einstellen auf Ihre persönlichen Bedürfnisse (Customising),

- Programmierung spezieller Anforderungen (bei Bedarf).

Hard- und Software-Versionen

Bereits an mehreren Stellen wurde vermerkt, daß sich ein DV-System wie ein lebendes Wesen mit viel Dynamik verhält. Es hat einen Lebenszyklus. Es hat Funktionen, die erneuert werden müssen, Baustellen, an denen gearbeitet wird, und Teile, die es zu warten und zu pflegen gilt. Um dies alles im Griff zu halten, sind auf verschiedenen Ebenen Versionsführungen einzurichten.

Zunächst sind die wesentlichen Hard- und Softwarekomponenten aufeinander abzustimmen. Beim Nachrüsten und Einspielen neuerer Versionen müssen diese aufwärtskompatibel zu den bisherigen Bausteinen sein. Insbesondere müssen sich Daten, die mit einer alten Programmversion erstellt wurden, mit einer neueren Version weiterbearbeiten lassen. Für unmittelbar aufeinander folgende Programmversionen wird dies meist durch den Lieferanten sichergestellt.

Bei der Beschaffung eines neuen PCs ist zu prüfen, welche Hardware-Teile der alten Anlage wiederverwendbar sind. Festplatten, Soundkarten, CDROMs, etc können häufig vom alten in das neue Gehäuse umgesteckt werden. Auf jeden Fall sind hierzu die Geräte- und Softwarebeschreibungen gut aufzubewahren und die Inventarliste für die Komponenten inklusive ihrer Versionen exakt zu führen.

Testumgebungen und -versionen

Für neue Software oder neue Versionen ist eine eigene Testumgebung aufzubauen. Hier können Erfahrungen gesammelt, zum Test sogenannte Parallelläufe durchgeführt, neue Funktionen ausprobiert, individuelle Einstellungen vornommen werden – ohne daß das produktiv genutzte lauffähige System gestört wird. Erst nachdem man im Umgang mit der neuen Software sicher ist, sollte der Austausch mit den alten Programm erfolgen. Nach einiger Zeit sind die alten Programme nochmals zu sichern und dann konsequent vom System zu entfernen.

Testumgebungen werden in der Regel unter eigenen Dateiverzeichnissen eingerichtet. Dabei empfiehlt es sich nicht, in den Verzeichnis-Namen das Wort TEST zu verwenden. Besser ist es, eine Release-Nummer der Software zur Unterscheidung zu verwenden. Zum Beispiel EXCEL3 als lauffähige Version, EXCEL4 als Testversion.

Bei Freigabe der Testversion wird dann keine neue Installation fällig. Es werden lediglich die bestehenden festen Aufrufe geändert, z.B. von /EXCEL3/EXCEL.EXE Haushalt.xlw in /EXCEL4/EXCEL.EXE Haushalt.xlw und Testaufrufe wie z. B. /EXCEL4/EXCEL.EXE Haush_T.xls sowie Testdateien wie z. B. Haush_T.xls gelöscht. Dabei spricht man gerne vom Umklappen der Testumgebung in die Produktion.

Verarbeitungsstati und -versionen

Für die Bearbeitung von Dateien wie das Schreiben eines Artikels sind folgende Stati sinnvoll:

- ■ Dokument geplant   gp   leere Datei angelegt,

- ■ Dokument in Bearbeitung   iA   Datei kann geändert werden,

- ■ Dokument fertiggestellt   ok   Datei nur noch lesbar.

Folgende Umsetzungsmöglichkeiten sind denkbar:

■ Vergabe von Nutzungsrechten wie Update-Erlaubnis für ia-Dokumente oder Lese-Erlaubnis für ok-Dokumente.

■ Vermerk des Status im Dokument selbst z. B. in der Fußzeile.

■ Vermerk des Status im Aufruf, im Datei-Namen oder in der Dokumentenverwaltung als Deskriptoreintrag.

Beachten Sie, daß es auch juristische Auswirkungen haben kann, wenn in fertiggestellten und abgegebenen Dokumenten nachträglich unkontrolliert oder manipulierend geändert wird.

Dateiversionen

Um den Fortgang und die Entwicklung von einzelnen Dokumenten verfolgen zu können, ist es mitunter hilfreich, Zwischenstände oder Releases separat zu speichern. So können Vertragsentwürfe, Projektberichte, Buchmanuskripte, Haushaltsbücher, Jahresplanungen und vieles mehr in periodischen oder sinnvollen Abständen separat aufzubewahren sein. Es empfiehlt sich, diese Versionen über den Dateinamen zu spezifizieren.

Beispiele:

Vertrag.doc	als abgeschlossener Vertrag,
Vertrag1.doc	als 1. Entwurf,
Vertrag2.doc	als 2. Entwurf usw.,
Plan94.doc	Jahresplan 94,
Plan95.doc	Jahresplan 95,
Otto312	Brief an Familie Otto in 12/93,
Otto404	Brief an Familie Otto in 04/94,
Otto404a	2. Brief an Familie Otto in 04/94,
Otto511	Brief an Familie Otto in 11/95.

Im Laufe der Jahre, in denen Sie Ihr persönliches System nutzen, werden viele Dateiverzeichnisse von solch namensähnlichen Dateien gefüllt sein. Dies ist ein gutes Signal dafür, daß Ihr System in geordneten Bahnen und gut strukturiert ist. Es erleichtert, Daten wiederzufinden, sich zu orientieren und einmal erstellte Dateien erneut zu nutzen.

Sicherungsversionen

Für die Verwaltung der Sicherungen ist ebenfalls eine Versionsführung notwendig. Dabei ist jeder Sicherung eine Versions-Nummer zu geben, die entweder selbst die wichtigsten Inhalte vermittelt oder der weitere Informationen zugeordnet werden. Pro Version ist anzugeben: das Sicherungsdatum, der Sicherungsinhalt, die Sicherungsart.

Wie die Sicherungen der Daten und Programme im Einzelnen erfolgen sollen, ist im Sicherungskonzept an anderer Stelle beschrieben.

Systemnutzung

Persönliches Verhalten

Nach Auswertungen der Studie Multimedia '95 des Iris Institutes in Düsseldorf nutzen 76 Prozent den eigenen PC für private Dinge und 30 Prozent für Berufliches. 9,1 Stunden in der Woche sitzen PCler vor ihrem Gerät. 86 Prozent nutzen Textverarbeitungsprogramme, 63 Prozent Spiele, 42 Prozent Tabellenkalkulationen, 35 Prozent Datenbanken, 5 Prozent Online-Systeme. Soviel zur Statistik '95. Doch es geht nicht darum, ob man viel oder wenig vor dem Computerbildschirm sitzt.

Mit dem persönlichen Informationssystem soll Nutzen erzielt werden. Sie als Anwender müssen dazu selbst bestimmen, was Sinn macht. Solange Sie nicht davon überzeugt sind, daß der Computer Ihnen im Privatleben von Vorteil sein kann, lassen Sie die Finger davon. Nur aus einer Mode heraus einen Computer zu Hause haben zu wollen, ist herausgeschmissenes Geld.

Doch vielleicht hat die bisherige Lektüre einige zusätzliche Anregungen gegeben, was alles an Hilfestellung vorstellbar ist. Nehmen wir also an, Sie sind nun wild entschlossen, Ihr System konsequent zu Ihrem persönlichen Vorteil einzusetzen. In diesem Fall sollten Sie sich einige grundlegende Verhaltensmuster und Vorgehensweisen aneignen:

- Versuchen Sie die Informationen frühzeitig und direkt in den Computer zu bekommen! Texte erst handschriftlich zu notieren und dann später einzugeben, ist Doppelaufwand. Er ist höchstens im Lernfalle als sinnvolle Wiederholungsübung zu akzeptieren.

- Halten Sie Ihr System aufgeräumt! Wenn Sie Dateien wahllos in irgendeinem Verzeichnis abspeichern, Namen für Dateien beliebig vergeben, alles von einer Diskette unkontrolliert auf Ihre Festplatte kopieren, wird es Ihnen schwerfallen, einen nachhaltigen Nutzen mit Ihrer Computerarbeit zu erzielen.

■ Nutzen Sie den elektronischen Datenaustausch! Vernetzen Sie Ihren Computer, lassen Sie sich Texte, die Sie aufheben wollen, als Datei geben, scannen Sie Dokumente ein, schicken Sie Faxe aus Ihrem Computer ab.

■ Erfaßte Daten sind ein wertvolles Gut – gehen Sie sorgsam damit um. Sichern Sie ausreichend, vergeben Sie Namen und Indizes, die ein Wiederauffinden auch nach längerer Zeit sicherstellen.

■ Nutzen Sie wenige Programme konsequent – und nicht vieles halbherzig! Nicht die komplexesten, neuesten Anwendungen liefern auf Dauer den größten Nutzen, sondern die automatisierte tägliche Routinearbeit.

■ Motivieren Sie Ihr Umfeld, das System gemeinsam zu nutzen! Es erspart Doppelarbeiten, Abstimmungsaufwände, Mehrfachinvestitionen und Reibungsverluste.

Betrachten wir nun einige typische Anwendungen etwas genauer. Es gibt Zeitintervalle, in denen sich gewisse periodische Anwendungen geradezu anbieten. Andere Tätigkeiten werden ereignisgetrieben anfallen.

Permanente Verfügbarkeit

Ihr persönliches Computersystem sollte möglichst häufig im Zugriff sein, damit Sie es jederzeit nutzen können. Um die permanente Verfügbarkeit zu sichern, prüfen Sie folgende Möglichkeiten:

■ Mitführung eines Kleingerätes (z.B. eines Notebooks),

■ Installation an den Orten, an denen Sie sich am längsten aufhalten (z.B. am Arbeitsplatz),

■ Verfügbarkeit, wenn die meisten Informationen anfallen bzw. benötigt werden (z.B. während eines Telefonates),

■ Systemvernetzung, um Informationen elektronisch auszutauschen (z.B. um zu Hause für den Betrieb arbeiten zu können),

■ System eingeschaltet lassen, damit sofort mit der Eingabe von Informationen begonnen werden kann (z.B. um eintreffende Faxe im Computer entgegenzunehmen).

Dabei sollten Gefahren nicht unerwähnt bleiben, die bei einer ständigen Verfügbarkeit und Nutzungsmöglichkeit des Systems bestehen:

■ Informationen werden zu schnell aus dem eigenen Gedächtnis gestrichen, „da man sie ja im Computer hat". Das Training des eigenen Gehirns könnte darunter leiden.

■ Die Gefahren einer übertriebenen Bildschirmarbeit dürften hinreichend bekannt sein.

■ Die persönliche Kommunikation sollte nicht gefährdet werden, indem man nur noch per Elektronic-Mail miteinander umgeht.

■ Arbeiten werden im Computer durchgeführt, obwohl sie mit Papier und Bleistift schneller und besser zu lösen sind.

■ Es wird alles Erdenkbare gespeichert, ohne daß daraus irgend ein Nutzen entsteht. Dem Informationsmüll werden damit alle Schleusen geöffnet.

■ Es kann sogar die Sitten verderben, wenn der Computer ständig präsent ist.

Gerade der letzte Punkt erscheint wichtig, herausgehoben zu werden. Früher waren in den Familien oft Klagen zu hören, daß keine richtige Kommunikation mehr aufkommt, weil das Fernsehen ständig läuft. Selbst das Abendessen wurde beim Schauen der Tagesnachrichten heruntergeschluckt. Hinzu kamen die Störungen durch ständige Telefonanrufe.

Seit einigen Jahren wird man in geschäftlichen Besprechungen gleich von mehreren Seiten bedroht: Als Zeichen der persönlichen Bedeutung wird das Handy auf den Tisch gelegt und fangen sogar während der Sitzung zu piepen an. Gleichzeitig muß neben jedem Sitzungsteilnehmer der persönliche lebenswichtige Laptop stehen, weil wir sonst unwissend, unbewaffnet und inkompetent sind.

Es ist in Zukunft eine Abstimmung darüber notwendig, welche Hilfsmittel wann einzusetzen sind. Die Menschen brauchen sicherlich auch vertrauliche ungestörte Gespräche, ausreichend Ruhezonen und techniklose Oasen für sich ganz alleine.

Periodische Arbeiten

Tägliche Viertelstunde

Eine ganz entscheidende Anwendung auf dem eigenen Computer ist die persönliche Zeit- und Aktivitätenplanung, denn Planung bedeutet Vorbereitung zur Zielerreichung.

Gönnen Sie sich daher jeden Morgen einige Minuten, um ihren Tag am Computer zu planen:

Nachkontrolle des vorherigen Tages
Wir kennzeichnen die durchgeführten geplanten Aktivitäten, sofern dies nicht unmittelbar nach Erledigung erfolgt, und notieren die ungeplanten, zusätzlichen Ereignisse des Vortages. Die dar-

aus resultierende Liste ergibt eine interessante und vielfältig nutz-
bare Aufzeichnung des eigenen Lebensweges.

Übernahme oder Streichung unerledigter Aktivitäten
Einige Aktivitäten werden stets vom Vortag übrigbleiben, da Sie
z.B. nicht alle gewünschten Telefonpartner erreicht haben. Andererseits werden Aktivitäten, die Sie ständig bewußt übertragen
müssen, auf Dauer lästig. Es stellt sich die Frage nach deren Sinn
und Priorität. Schließlich werden sie gestrichen oder unter Druck
erledigt.

Zusammenstellung der Aufgaben
Sie werden am Tagesanfang ihre Ziele reflektieren und die anstehenden notwendigen Aktivitäten hieraus ableiten. Vieles wird
schon durch feste Termine und Besprechungen sowie durch wiederkehrende Aktivitäten in Ihren Planungkalender eingestellt sein
– was hoffentlich weitgehend automatisch geschieht. Andere Aktivitäten kommen vom Vortag hinzu oder werden neu von Ihnen
hinzugenommen.

Schätzung der Dauer von Tätigkeiten
Im Computer lassen sich die geplanten Aktivitäten schnell mit dem
geschätzten Zeitaufwand versehen. Interessant ist es, anschließend
die tatsächlich verbrauchten Zeiten zuzuordnen, um so zu immer
genaueren Schätzungen zu kommen.

Pufferzeiten nach der 60:40 Regel einbauen
Die Planung ist so zu gestalten, daß nur ca 60 Prozent des Ar-
beitstages also knapp 5 Stunden verplant sind. Das schützt vor
Hektik bei unvorhergesehenen Störungen und Arbeitsüberla-
stungen. Um die Planung auf diese Zeitscheiben auszurichten, sind
Entscheidungen über Prioritäten, Kürzungen und Delegation zu
treffen. All dies kann bestens im Computer simuliert und vermerkt
werden.

Aktivitäten-Bündelung
Durch eine Zusammenfassung von gleichartigen Aktivitäten wie Te-
lefonaten, Korrespondenz, Lesevorgägen oder Mitarbeitergesprächen
werden Rüstzeiten verkürzt und die Gesamteffektivität erhöht.

Nach oder vor der täglichen Planung sollten Informationen, die nicht direkt eingegeben wurden, aber noch im Kopf herumschwirren oder auf einem Notizzettel vermerkt sind, eingetragen werden: Neue Personen- und Firmenadressen, neue Ideen, Erkenntnisse über interessante Themen oder Personen, Ausgaben des letzten Tages, ungelöste Probleme und vieles mehr.

Dies alles ist in Ihrer persönlichen Viertelstunde mit Ihrem Computersystem zu erledigen. Als ständige Einrichtung wie Frühsport, Duschen oder Zeitungslektüre kann sie ihr Leben fit, zielsicher und informierter machen.

Monatliche Abrechnung

Am Monatswechsel bietet sich die Gelegenheit, einige weitere Aktivitäten zu plazieren, die regelmäßig alle 4-6 Wochen zu erledigen sind. Wer kennt nicht Monatsabrechnungen oder Monatsberichte. Folgende Aktivitäten könnten anstehen:

- Gehaltsabrechnung und Entgegennahme,

- monatliche Überweisungen und Zahlungen,

- Festgeld- oder Anlage-Entscheidungen,

- Tätigkeitsberichte für den Arbeitgeber,

- Projektstatusberichte an einen Auftraggeber,

- Geschäftsergebnis, Ermittlung von Profitcentern,

- Spesen- und Reisekostenabrechnungen,

- Auswertungen von Qualitätskontrollen,

- Informationsblätter an Mitarbeiter,

- Abrechnung im Haushaltsbuch,

■ Systempflege und Administration.

Damit am Monatsanfang oder Ende keine allzugroße Hektik auftritt, empfiehlt es sich natürlich, die Aktivitäten auf bestimmte Tage im Monat zu verteilen. Auch hierzu ist Ihr persönliches computergestütztes Zeitplanungssystem wieder bestens geeignet.

Jahresplanung

Jahreswechsel, Zeit zwischen Weihnachten und Sylvester, Zeit der Rückbesinnung und Einstellung aufs neue Jahr – aber auch Zeit von jährlich wiederkehrenden Aktivitäten. In den Büros werden neue Ordner angelegt und beschriftet, alte in der Ablagekammer verstaut. Es wird Inventur gemacht und die Bilanzen erstellt. Statistiken werden ergänzt und Geschäftsberichte verfaßt. Urlaubsreisen fürs neue Jahr werden ausgewählt und gebucht, Bilder des letzten Jahres in die Alben eingeklebt. Auch für unser Informationssystem bedeutet dies einiges:

■ Abschlußarbeiten in jahresbezogenen Auswertungen,

■ Aufstellen eines neuen Jahresplanes ,

■ Budgetplanungen im privaten und geschäftlichen Bereich,

■ Jahressteuererklärung oder Einkommensteuerjahresausgleich,

■ Abrechnung von Haus- und Immobilienverwaltungen,

■ Auszüge der Spar- und Hypothekenkonten,

■ Einrichten neuer Dateien,

■ Umstellen von Jahresangaben,

■ Fortschreiben und Herausgeben von Jahrbüchern,

■ Sammlung von High- und Downlights der letzten 12 Monate,

■ Notieren der Ergebnisse des Bleigießens vom Sylvesterabend.

Auch hier sollten Sie sich eine persönliche Liste der einmaligen Jahresaktivitäten aufstellen und diese auf das neue Jahr verteilen.

Alle jährlichen Jubiläumstage werden gesammelt und für die Wiedervorlage am richtigen Tag im Jahr notiert. Einmal im Computer erfaßt, werden Sie in keinem Jahr mehr den Geburtstag der Schwiegermutter oder den Hochzeitstag der besten Freunde vergessen.

Ein kleiner Tip: Legen Sie sich solche Ereignisse zweimal auf Wiedervorlage, einmal an den Jubiläumstag selbst und dann eine Aktivität einige Tage vorher zum Beschaffen von Geschenken oder zum Treffen sonstiger Vorbereitungen.

Arbeitsaufträge

Eigene Arbeiten

Neben kleineren einmaligen Aktivitäten in Ihrem Terminkalender und neben periodisch wiederkehrenden Tätigkeiten wird es Aufgaben geben, die mehrere Stunden (sinnvollerweise bis maximal ca. 100 Stunden) benötigen und nur in mehreren Arbeitssitzungen erledigt werden können. Wir wollen hier von Arbeitsaufträgen sprechen. Es empfiehlt sich, in der eigenen Terminplanung solche Aufgabentypen vorzusehen und mit einer Gesamtzeit zu planen. Nach jeder Arbeitssitzung sollten Sie die Arbeitszeit bei diesen Aktivitäten vermerken und gleichzeitig die neue Restzeit abschätzen. Dabei kann es zu Abweichungen zwischen geplantem Aufwand und der Summe aus bereits geleisteter und noch notwendiger Zeit kommen. Diese Differenzen sowie deren frühzeitige Beobachtung sind ein wesentliches Hilfsmittel zur gesamten Eigensteuerung.

Arbeitsaufträge

Sind Sie in einer Position, die man allgemein als Management bezeichnet, so werden Sie viel delegieren müssen. Ihre Aufgabe ist geprägt durch Planung, Controlling, Disposition und Coaching. Haben Sie Arbeitsaufträge zu definieren und durch andere Personen bearbeiten zu lassen, so empfiehlt sich folgendes Vorgehen:

Anlage einer Arbeitsauftragsübersicht
Hier vermerken Sie, welche Arbeitsaufträge Sie planen, welche in Bearbeitung sind, welche zur Prüfung abgegeben wurden und welche O.K. sind – jeweils mit Start- und Endedatum sowie ausführender Person.

Nutzung eines Arbeitsauftragsformulares
Für Arbeitsaufträge sollten Sie ein etwa einseitiges Formular bereithalten, um die zu erledigenden Aufgaben mit folgenden Angaben darstellen zu können: Kurzbeschreibung, vorhandene Hilfsmittel, Know-how-Träger und Unterlagen, genehmigte bzw. geplante Ressourcen wie Zeit, Geld und Kompetenzen, Empfehlungen für Vorgehensweise, Aussagen zu Zwischenergebnissen und -kontrollen, erwartete Ergebnisse und Termine.

Auch in einer Vertrauensorganisation sind schriftliche Arbeitsaufträge nichts Negatives. Sie zwingen lediglich den Auftraggeber frühzeitig klare Erwartungen zu beschreiben, und geben dem Auftragnehmer die Möglichkeit, frühzeitig unklare Punkte auszuräumen. Scheuen Sie sich also nicht, Arbeitsaufträge in vielen Lebenslagen und nicht nur im direkten beruflichen Alltag schriftlich zu formulieren und zu kommunizieren.

Bei Erledigung des Auftrages wird das Ergebnis samt Auftragsformular mit einem entsprechenden Vermerk des Bearbeiters zurückgegeben. Hilfreich ist, wenn der gesamte Vorgang der Auftragsverwaltung im Computernetz und nicht über eine eigene Zettelwirtschaft abgewickelt werden kann.

Projektarbeiten

Projekte sind zeitlich begrenzte, zielorientierte, komplexe Aufgabenstellungen und Arbeiten wie z. B. Hausbau, Jobsuche, Studium, Expeditionen, Schallplattenaufnahmen oder DV-Systementwicklungen. Häufig sind Projekte Gemeinschaftswerke und Teamleistungen. Sie entstehen durch Ideen und Wünsche, die in uns selbst entstehen oder von außen an uns herangetragen werden. Solche Themen, die wir in einem Zeitraum von einigen Wochen oder auch Jahren sehr zielorientiert vorantreiben wollen, sollten wir frühzeitig als Projekte erkennen und definieren.

In diversen Veröffentlichungen und Büchern über das Projektmanagement wird beschrieben, wie Projekte zum Erfolg geführt werden und welche Gefahren ihnen drohen. Dabei spielt der Computer in der Planung, Steuerung und Administration sowie als Dokumentations- und Entwicklungswerkzeug eine wesentliche Rolle. Folgende Aktivitäten empfehlen sich in unserem PISA-System:

Führen einer Liste mit allen Projekt-Ideen und Projekten
Dies wird auf Dauer eine sehr interessante Auflistung aller größeren Vorhaben und Erfolgsstorys im Leben. Es bringt Motivation für den Aufbruch zu neuen Ufern, setzt Glücksgefühle frei bei der Beendigung von Projekten und schafft Ehrgeiz zur konsequenten Bearbeitung einer bestimmten Zielsetzung.

Schreiben von Projektdefinitionen
Wenn Sie ein Projekt starten – und das sollte stets gut überlegt werden – dann definieren Sie auf einigen wenigen Seiten dieses Vorhaben mit seinen Zielen und Aufgaben, Rahmenbedingungen, Vorgehensweisen, geschätzten Zeit- und Kostenaufwänden, Endterminen und Meilensteinen, weiteren Mitstreitern, Regeln für die Zusammenarbeit, Dokumentation, Hilfsmittel, Fortschritts- und Erfolgsmessung und einer Chancen-/Risiko- bzw. Kosten-/Nutzen-Betrachtung. Diese Projektdefinition können Sie anhand eines immer gleichen Aufbaues nach einem vorgefertigten Muster erstellen oder auch einfach jedesmal neu herunterschreiben. Wich-

tig ist, daß Sie sich Klarheit im Vorhinein verschaffen, auf was Sie sich mit einem Projekt einzustellen haben.

Überwachen von Projektfortschritt und Terminen
Zerlegen Sie das Projekt in einzelne Phasen, die an bestimmten Meilenstein-Terminen mit definierten Zwischenergebnissen beendet sein sollten. Für die jeweils nächste Phase bestimmen Sie die anstehenden Arbeiten und Aktivitäten. Nach einer Festlegung von Reihenfolgen und Abhängigkeiten stellen Sie diese in Ihre Terminplanung ein. Dabei empfiehlt es sich, eine Kennzeichnung, daß es sich um Arbeiten und Aktivität zu einem bestimmten Projekt handelt, vorzunehmen.

Am besten erstellen Sie in regelmäßigen Abständen einen Statusbericht des Projektes, in dem Sie folgendes festhalten: bisher erreichte Zwischenergebnisse, Entwicklung der geplanten Zeit- und Kostenaufwände mit den Abweichungen zum ursprünglichen Plan sowie den Problempunkten, die möglichst kurzfristig ausgeräumt werden müssen. Einer der Gründe für das Scheitern von Projekten ist es, daß der Projektzustand verdrängt wird und Probleme vor sich her geschoben werden. Vermeiden Sie dies durch regelmäßige Rechenschaftsberichte, die sie sich und anderen selbst schriftlich geben.

Computernutzung für die Projektarbeit
Für die eigentliche Erarbeitung von Projektergebnissen kann die ganze Vielfalt der Computeranwendungen genutzt werden: Programmieren in DV-Projekten, Kalkulieren in Investitionsprojekten, Designen und Konstruieren in Produktentwicklungen, Texten, Komponieren und Animationen für Multimedia-Projekte.

Dokumentation von Projektergebnissen und Entwicklungsarbeit
Legen Sie sich entsprechend Ihren persönlichen oder betrieblichen PISA-Systemstrukturen hierzu von Beginn an passende Verzeichnisse und Dateien an. Am besten ist es, jedes Projekt mit all seinen Dokumenten komplett in einem eigenen Verzeichnis (mit entsprechenden Unterverzeichnissen) zu führen. Dabei ist zu unterscheiden zwischen Planungs- und Controllingdateien, Zwischen- und Arbeitsergebnissen und der Dokumentation des End-

produktes. Das Endprodukt sollte in jedem Fall sauber abgrenz-
bar sein. Möglicherweise können Sie später auf die Entwick-
lungsdokumente verzichten, wollen aber das Endprodukt langfristig aufbewahren.

Projektabschluß
Ein Projektabschluß ist in der Regel, wenn es sich nicht um einen
frühzeitigen Abbruch handelt, ein freudiges Ereignis. Sie haben
etwas erreicht. Beschäftigen Sie sich daher noch einen Augenblick mit diesem Erfolg. Werten Sie Ihr Projekt aus!

Sichern Sie das Projektergebnis, soweit es im Computer entstanden und abgelegt ist. Stellen Sie ihre Erfahrungen der ursprünglichen Planung gegenüber, entweder durch einen eigenen Ergeb-
nisbericht oder einen Anhang zur ursprünglichen Projektdefinition! Kommunizieren Sie das Ergebnis, ziehen Sie den möglichen
Nutzen aus dem Projekt, vermarkten Sie Ihren Erfolg!

Der Projektabschluß ist in der Übersicht aller Projekte zu vermerken.

Langfristige Datenhaltung

Um die Langfristigkeit unseres PISA-Systems zunächst kontrovers
darzustellen, sollten zwei Wissenschaftler zu Wort kommen.

Lebensgeschichten in digitalen Daten

Professor Haeffner schreibt in seinem Buch „Mensch und Computer 2000", das ein Szenario einer computerisierten aber dennoch
humanen Gesellschaft darstellt: „Die Religionen verheißen ein ewi-
ges Leben nach dem Tod. Nur wenigen Menschen ist heute ein „dies-
seitiges" Weiterleben nach dem Tode in Form einer Einbettung ihrer irdischen Werke in das kulturelle Erbe der Menschheit vergönnt.

Bisher konnten nur die Reichen und Mächtigen, die Feldherren und Staatsmänner, Künstler, Wissenschaflter und Genies Spuren in der Geschichte hinterlassen. Sie schrieben Bücher, schufen Kunstwerke und Paläste, schlugen Schlachten oder entdeckten neue Weisheiten.

Der Normalsterbliche schrieb keine Autobiographien oder Memoiren, wurde kaum registriert und wurde schnell vergessen.

Milliarden von Menschen haben die Welt ohne jegliche Spuren verlassen. In der human computerisierten Gesellschaft entsteht ein neues, historisch völlig unbekanntes Phänomen: es wird möglich, die Geschichte eines jeden Menschen in Form seiner akkumulierten Daten (in digital gespeicherter Form) der Nachwelt zu erhalten."

Gefahr für digital gespeicherte Daten

Am 2.1.95 veröffentlichte „Das Handelsblatt" einen Artikel mit der Überschrift „Akute Gefahr für digital gespeicherte Daten". Darin wird zunächst folgende Geschichte des amerikanischen Wissenschaftlers Jeff Rothenberg zitiert: „Es ist das Jahr 2045. Die (heute noch nicht geborenen) Enkelkinder des Wissenschaftlers werden dann im Speicher seines (heute noch nicht gebauten) Hauses spielen. Dort werden sie einen alten Brief aus dem Jahre 1995 und eine CD-ROM finden. In dem Brief steht geschrieben, daß die CD-ROM ein Dokument enthält, daß ihnen Hilfestellung dabei gibt, sein (heute noch nicht verdientes) Vermögen zu erhalten. Die Enkelkinder werden verständlicherweise ziemlich erregt sein. Haben sie doch noch nie eine CD gesehen, außer in alten Filmen. Und sogar wenn es ihnen gelingen sollte, auf dem Dachboden ein altes CD-Laufwerk zu finden, werden sie auch die Software haben, mit der sie den Inhalt lesen können? Was also können sie mit dem obsolet gewordenen Dokument anfangen?

Dieses Zukunftsszenario zeigt einige der fundamentalen Probleme, die der heutigen Flucht in digitale Speichermedien anhaften, ohne daß dies der Mehrheit der Benutzer bewußt ist. Ohne den gefundenen Brief beispielsweise, erklärt Rothenberg, hätten die Kinder überhaupt keine Ahnung gehabt, daß die CD etwas enthält, das des Entzifferns wert ist. Der Brief hat den großen Vorteil, daß er ohne weitere Maschinenhilfe mit dem bloßen Auge gelesen werden kann.

Da digitale Informationen heute sehr leicht kopiert, abgespeichert und wieder zurückkopiert werden können, haftet ihnen ein besonderer Ruf der Langlebigkeit an. Die Wahrheit aber ist, daß wegen der Veränderungen bei Hard- und Software in etwa 50 Jahren nur der Brief und nicht das elektronische Medium lesbar sein wird.

Auch auf der physikalischen Seite gibt es Probleme. Keines der derzeitigen Aufzeichnungsverfahren hat auch nur einen Hauch der Ewigkeit. Feuchtigkeit oder magnetische Felder werden als erstes die Bänder angreifen. Aber auch die aus Acryl und Metallschichten bestehenden CDs haben nur eine begrenzte Lebensdauer. Es ist sicher, daß viele der gespeicherten Worte aus diesen Medien wesentlich rascher verschwinden werden als solche, die auf Papier von hoher Qualität gedruckt sind. Wer erinnert sich heute noch an 8-Zoll-Disketten, wo derzeit schon kaum mehr 5,25-Zoll-Disketten zu finden sind?"

Vorkehrungen

Neben diesen beiden Extremen werden Sie, liebe Leser, bereits ähnliche Erfahrungen gemacht haben. Einerseits ist es schön, nach Jahren einen einmal verwendeten Text schnell im Computer wiederzufinden und neu nutzen zu können. Andererseits gibt es bereits nach einer Zeit von 15 Jahren Personal Computer Technik viele Formate, Technologien, Softwarepakete, die auf den Markt gekommen und wieder verschwunden sind. Was können wir also tun, um schon heute gewisse Vorkehrungen für eine möglichst langlebige Nutzung unserer Daten zu gewährleisten.

■   Konzentration auf die wesentlichen Daten
    Daten sind wie andere Waren: sie werden dadurch, das sie massenhaft vorhanden sind, nicht gerade wertvoller. Sie soll-

ten entsorgt bzw. nach Ablauf ihrer Nutzungsfrist gelöscht werden – nur ausgewählte Daten gehören ins Archiv oder ins Museum.

■ Ausdruck auf Papier
Wichtiges, auf das man stolz ist, sollte man auch ausdrucken und in Papierform aufbewahren. Wie heißt es so schön: was du schwarz auf weiß besitzt, kannst du getrost nach Hause tragen.

■ Aufbewahrung von Daten und zugehöriger Software
Stellen Sie sicher, daß zu den Daten, die sie auf Ihrer Festplatte oder in Ihrem Sicherungs- und Datenarchiv aufbewahren, auch die Programme gespeichert sind, mit denen diese Daten erzeugt wurden. Dazu zählen die Editierprogramme, Datenbankmanagementprogramme, Sicherungsroutinen bis hin zu den Betriebssystemen. Letztlich müssen auch die zugehörigen Hardware-Komponenten noch verfügbar sein.

■ Doppelte oder dreifache Sicherung
Machen Sie es wie die Flugzeug-Ingenieure. Sichern Sie sich mehrfach ab. Ihre Daten können ein wichtiger Teil Ihres Knowhows, ja sogar Ihres Lebens werden. Daher gilt es, sie vor Raub, Vandalismus, Feuer, Geräteausfällen, Fehlbedienungen und Viren zu schützen.

■ Umspielen der Daten
Die wirklich wichtigen Daten sollten von Zeit zu Zeit auf die jeweils aktuellen Speicher- und Zugriffstechnologien umgespielt werden. Dabei ist gleichzeitig ihr Zustand zu überprüfen. Folgende Daten sollten in ein langfristiges persönliches Archiv aufgenommen und z. B. jährlich ergänzt werden: Lebenslauf und -aktivitäten (bearbeiteter Terminkalender), Manuskripte und Veröffentlichungen eigener Texte, Adressen von Bekannten, Verwandten und Geschäftspartnern, Vermögensaufstellungen und Inventare, Statistiken über ausgewählte persönliche Daten.

Systemheranführung

Sie lesen dieses Buch, sind hoffentlich auch der Überzeugung, daß ein PISA-System sinnvoll ist. Sie nutzen vermutlich Ihren Computer häufiger im privaten und dienstlichen Bereich. Doch was machen die anderen Familien-Mitglieder? Wäre es nicht schön, ein gemeinsames System zu haben und gemeinsam im gleichen Medium zu arbeiten oder zu spielen?

Machen wir uns also ein paar Überlegungen, wie wir die Lebenspartner an das Computern heranführen. Als Anregung mag eine kleine Aufzählung von Empfehlungen dienen, die sich sicherlich persönlich in geeigneter Weise ausgestalten lassen:

- Nehmen Sie Ängste!
Am Computer kann man kaum etwas kaputt machen.

- Überfordern Sie niemanden!
Sie haben vermutlich monate- oder jahrelange Computer-Erfahrungen gesammelt und dürfen nicht erwarten, daß ein Laie sofort begreift, was ein Mausklick, eine Returntaste, eine Datei oder andere für uns Computervertraute alltägliche Dinge sind.

- Bitten Sie selbst um Hilfe!
Jemand kann bei der Dateneingabe helfen, kleine Handgriffe wie Ausdrucke vornehmen oder die Datensicherung überwachen.

- Zeigen Sie interessante Spiele!
Im Spiel lernt man am leichtesten, wird schnell neugierig und fasziniert.

- Stellen Sie Anwendungsaufrufe und Speicherprozeduren bereit!
Vereinfachen Sie für Neulinge technische Abläufe und ermöglichen Sie schnelle Erfolgserlebnisse.

■ Verbinden Sie vertraute Tätigkeiten mit dem Computer! Schlagen Sie z. B. den Computer als die neue Schreibmaschine vor oder zeigen Sie, wie man dort einen Taschenrechner findet.

■ Arbeiten Sie gemeinsam am Computer! Sie übernehmen dabei nur die technische Datenerfassung, die Arbeitsergebnisse und Inhalte kommen aber von Ihrem Partner.

■ Beraten Sie beim Besuch von Kursen, bei Lernsoftware und Literatur! Warten Sie aber, bis der andere von sich aus den Wunsch äußert, sich mit dem Computer inhaltlich auseinanderzusetzen.

Geburt und Kindheit

Systemeinrichtung

Bei einer Geburt ist, wie bereits bei der Sammlung der Anforderungen besprochen, ein neues persönliches Informationssystem auf dem häuslichen PC einzurichten – für das Kind, das in Ermangelung eigener Fähigkeiten hierzu noch nicht in der Lage ist.

Folgende Aktivitäten sind zunächst durchzuführen:

■ Anlage eines oder mehrerer Verzeichnisse für die Daten des Kindes,

■ Festlegen von Aufzeichnungen, die ab dem ersten Tag für das Kind geführt werden sollen,

■ Anlage von entsprechenden Funktions- und Datenaufrufen auf dem Bildschirm.

Die Anwendungen für das Neugeborene können sein:

- Ereignissammlung (analog dem Terminkalender von Erwachsenen),

- Tagebuch für kleine Episoden,

- Entwicklungsstatistik z. B. für Größe und Körpergewicht.

Sie sind analog den bisherigen Aufzeichnungen, die man mit der Geburt eines Kindes beginnt, zu führen. Sie sollten in Zukunft direkt im Computer begonnen werden, um sie lebenslang elektronisch weiterführen zu können.

Spielphase

Sobald das Kind interessiert beim Computern der Eltern zuschaut und eigene Spielwünsche signalisiert, wird es an der Zeit, kindgerechte Computerspiele zu installieren. Sie werden sehen, wie spielerisch und experimentierfreudig die Kinder ans Werk gehen. Leicht folgen sie den ersten Erklärungen der Eltern und bald brauchen sie keine Hilfe mehr, um das Programm zu starten oder die Befehle zu finden. Und etwas später werden die Eltern bereits frustriert sein, wenn sie das erstemal im Computerspielen von ihrem fingerfertigen Nachwuchs geschlagen werden. Ob Tetris oder Lemmings – der Nachwuchs hat den Sieg immer häufiger sicher.

Am besten legen Sie nun ein eigenes Verzeichnis an, in dem das größer werdende Kind bald auch selbst neue Spiele von Freuden einspielen kann. Dabei ist auf den funktionstüchtigen Virenschutz natürlich besonders zu achten.

Erste Anwendungen

Parallel zum Spielen sollten Sie darauf achten, daß auch etwas ernstere Bemühungen um die Computerei entstehen. Dazu sind die gleichen kleinen Tricks zur Heranführung an den Computer möglich, wie sie bereits früher beschrieben wurden.

Lassen Sie mit der Einschulung auch erste Schreibarbeiten selbst auf dem Computer vornehmen, zum Beispiel im kindeseigenen Tagebuch! Günstig ist, im Laufe der Jugend das 10-Finger-System für die Tastaturbedienung beim professionellen Schreiben zu erlernen. Es gibt entsprechende Übungsprogramme, die Sie beschaffen sollten.

Beginnt erst der Informatik-Unterricht in der Schule, so wird Ihr Nachwuchs bald gänzlich ohne Probleme sein Informationssystem erweitern und aufbauen:

- Lernprogramme für Deutsch, Mathematik oder Englisch,

- Adreßsammlung mit Freunden und Klassenkameraden,

- Statistiken von sportlichen Leistungen,

- Sammlung von Kinderkrankheiten,

- Sammlung von Autogrammen,

- Erstellung von Geburtstagseinladungen,

- Sammlung der Telefonnummern,

- Notenspiegel,

- CD-Sammlungen.

Achten Sie nur darauf, daß auch hier von Anfang an eine gewisse Ordnung und Struktur erkennbar bleibt. Kinder sind in diesem Punkt meist etwas nachlässiger als Erwachsene. Schließlich haben Sie keine Erfahrungen, was ein richtiger Datensalat auf Dauer anrichtet.

Am besten Sie erläutern ihnen langsam das eigene System und diskutieren gemeinsam die neuesten technischen Erkenntnisse, die die Kinder aus der Schule mitbringen oder sich selbst erarbeiten haben. So können Sie alle das gemeinsame PISA-System weiter voranbringen – zum Nutzen der ganzen Familie.

Familiäres Verbinden und Trennen

Familien sind in vielen Fällen, wo Ehen positiv verlaufen, ein Ruhepunkt in unserem betriebsamen Leben. Doch sie verändern sich – ausgelöst durch freudige oder weniger glückliche Ereignisse: Neben der Geburt und dem Sterben gibt es eine Reihe von Verbindungen und Trennungen, die auch in unserem PISA-System gehandhabt werden müssen: Eheschließungen, Scheidungen, Verlassen der elterlichen Wohnung, Rückkehr in den elterlichen Haushalt.

Mit materiellen Gütern wird man meist relativ einfach fertig, die Dinge werden aufgeteilt oder zusammengestellt. Bei Geld hört bekanntlich der Spaß auf. Und bei Computer-Informationen kommen materielle, immaterielle und finanzielle Aspekte zusammen, die es zu lösen gilt. Dies wird besonders schwer im Falle einer schmerzlichen oder strittigen Trennung. Was können wir in solchen Fällen tun? Zu empfehlen ist:

Klare Eigentumsverhältnisse

Daten, Programme, Hardware sollten einen eindeutigen Eigentümer haben. Nur die familienspezifischen Informationen, die erst durch das Zusammenleben entstehen, wie z. B. gemeinsame Steuererklärung oder gemeinsame Kaufverträge sollten auch in gemeinsamen Datenverzeichnissen gehalten werden.

Insbesondere sollten die persönlichen Daten in eigenen Verzeichnissen stehen, die leicht von der gemeinsamen Hardware heruntergenommen und auf einem neuen System eingespielt werden können.

Systemverwalter und Konzeptführer

Nicht alle werden in einer Familie mit gleicher Begeisterung sich der Informatik und Computerei verschrieben haben. Wählen Sie daher eine Person aus, die im Zweifelsfall das Sagen hat. Auch in den großen Computernetzen der Unternehmen gibt es sie – die Koordinatoren, die Vordenker, die Entwickler, die Spezialisten und die Systemverantwortlichen.

Menschenverstand

Schreiben Sie auf, wie Sie Daten zusammenführen oder trennen wollen. Bei Unternehmensfusionen oder Abspaltungen werden große Integrations- und Outsourcing-Projekte aufgesetzt. Sie zeigen, wie komplex solche Aktionen werden können. Sie gehören auch im kleinen Familienkreis sorgsam durchdacht und geplant.

Wenn alles nichts hilft oder im Streitfall nichts geregelt ist, versuchen Sie ihren gesunden Menschenverstand einzusetzen. Er kann Wege erfinden, wie Daten und Dokumente beurteilt, getrennt, kopiert, zusammengespielt oder auch aufgegeben werden können. Gerade in diesem schwierigen Bereich würde es vermutlich keinen Sinn machen, im Vorfeld alle möglichen Fälle durchzuspielen und sie bereits systemtechnisch abzufangen. Hier ist immer noch der Mensch der größte Experte, um mit neuen Situationen erfolgreich umzugehen.Vielleicht reicht es auch, einfach die Daten zu duplizieren und jedem eine Kopie zu überlassen.

Alter, Sterben und Weiterleben

Im Augenblick ist es noch eher eine unbekannte Größe: alte Menschen und Computer. Aber es erscheint eine sehr interessante Verbindung zu werden.

Noch haben die meisten Alten nur wenig Erfahrungen im Umgang mit einer Technik, die sie in der Schule oder in Ihrem beruflichen Alltag niemals richtig erlernen konnten. Noch ist die Technik nicht ausgereift genug, um für jedermann direkt begreifbar und nutzbar zu sein.

Aber stellen wir uns einmal in 20 Jahren einen 70jährigen vor, der dann seit 35 Jahren den Umgang mit dem PC gewohnt ist.

Folgende Vorteile wird dann der Computer gerade für ältere Menschen haben:

- ■ im Bereich der Kommunikation:
  - mit dem vernetzten PC kann man mit der ganzen Welt kommunizieren und die Einsamkeit überwinden,
  - mit dem Hightec-Computer kann man in virtuelle Realitäten eintauchen,

- ■ im Bereich der Lebensversorgung:
  - vom PC aus kann man einkaufen,
  - mit Electronic Banking kann man die Bankgeschäfte abwickeln,
  - mit Robotern kann man lästige Hausarbeit erledigen,
  - mit dem PC kann man seine Gesundheit überwachen,

- ■ im Bereich der Altershilfen:
  - der PC kann Gebrechen lindern und Hilfestellung geben,
  - der PC kann als Alarm- und Notrufsystem fungieren,
  - mit dem PC hat man einen Freund, der immer da ist.

- ■ im Bereich von eigenen Aktivitäten:
  - der PC ist ein Arbeitsgerät, daß ohne Kraftaufwand und körperliche Fitness notfalls im Bett bedient werden kann,
  - der PC fordert und fördert einen wachen Geist, Kreativität und Erfolgserlebnisse,
  - der PC ist für verschiedenste Aufgabenstellungen geeignet, auch für solche, die gerade von älteren Menschen bestens erfüllt werden können.

■ im Bereich von Spaß und Spiel:
  – mit dem PC kann man spielen,
  – mit dem PC kann man lernen – was bekanntlich auch viele
    ältere Personen noch gerne tun,
  – mit dem PC kann man in der Vergangenheit schwelgen, in-
    dem man sich alte Dokumente, Aufsätze, Tagebücher und
    Informationen anschaut,
  – mit viel Zeit und Muße ausgestattet, kann man im Alter die
    Datensammlung seines Terminkalenders zu einer literarisch
    anspruchsvollen Autobiographie ausformulieren,
  – oder man kann sonstige Dinge am PC tun, die im Laufe des
    beruflichen Lebens nicht möglich waren.

Dabei – oder am besten schon viel früher – sollte man auch sein
Ausscheiden aus der menschlichen Gesellschaft vorbereiten und
bestimmen, was nach dem Ableben geschieht. Sicher haben Sie
ein Testament in Ihrem Informationssystem verfaßt und im Laufe der Jahre immer wieder angepaßt. Es sollte ausgedruckt an einem sicheren und bekannten Platz hinterlegt sein.

Schön wäre es, wenn von Ihnen einiges Wissenswerte für Ihre direkten Nachkommen oder auch die gesamte Nachwelt bleibt.

Stellen Sie diese Dokumente zusammen (siehe hierzu auch das
Kapitel über die langfristige Datenhaltung). Beschreiben Sie, wie
diese Dokumente strukturiert, zu lesen und zu erhalten sind! Bestimmen Sie den Lagerort! Machen Sie sicherheitshalber auch einen jährlich aktuellen Ausdruck. Besprechen Sie mit einer Person
Ihres Vertrauens, wie nach Ihrem Tod damit verfahren werden
soll und schreiben Sie dies in Ihrem Testament fest!

Es wäre doch zu schön, wenn Ihr persönliches Informationssystem und Ihre Datensammlung dazu beiträgt, daß Sie auf dieser
Erde ein klein wenig unvergänglich und lebendig bleiben.

Zukünftige Entwicklungen und Trends

Innovationsprojekte

Mit dem persönlichen Informationssystem sind Sie nun, so gut es geht, gerüstet für Ihre Zukunft im Informationszeitalter. Wie stark die Veränderungen sein werden, soll abschließend in einigen Zitaten und Artikeln belegt werden:

Die Nippon Telegraph and Telephon Corporation, Japans größter Telekommunikationsanbeiter und mit über 151 Mrd. DM im gesamten Anlagevermögen eines der größten Unternehmen der Welt, hat bekanntgegeben, daß die Phase II der umfassenden Untersuchungen VI&P (Visuelle, intelligente und persönliche Kommunikationsdienste) gestartet wird. Die Untersuchungen beschäftigen sich mit hochentwickelten Multimedia-Diensten für den privaten und kleingewerblichen Gebrauch. Es werden Dienste wie interaktives Fernsehen inkl. HDTV, Vidoetelefon, hochaufgelöste Zeitungen und medizinischer Ferndiagnosen getestet. (Online 3/94)

Anläßlich eines Managementsymposiums zum 25jährigen Bestehen der Ploenzke AG forderte Herr Otto Schlecht, Vorsitzender der Friedrich Ebert Stiftung, daß Deutschland und Europa endlich seine Innovationspotentiale ausschöpft und in neue Technologien aufbricht. Auf der gleichen Veranstaltung berichtet Glenn Cuthbertson, Vizepräsident der New Yorker Gartner Group, daß bereits heute weltweit Waren im Wert von 130 Mrd. Dollar per Fernsehen oder PC eingekauft würden, was dem Weltjahresumsatz der Automobilindustrie entspricht. (Wissen allein macht nicht glücklich, FAZ 9/94)

Cafe Online – an der amerikanischen Westküste gibt es die ersten Kaffeehäuser mit Online-Anschluß. 4400 registrierte Benutzer hat das SF NET in San Franszisco heute. 900 davon wählen sich regelmäßig von den Kaffeehaus-Terminals aus in die virtuellen Talk-Runden und Kaffeehaus-Klatsch-Atmosphäre ein. Bis zu 800 Dollar holt Wayne Gregori am Monatsende aus einem einzigen Münzer minal heraus – das sind bei 25 Cent alle 4 Minuten immerhin ca 200 Betriebsstunden pro Monat bzw. 7 Stunden am Tag. (Focus, 31/1994)

Moderne Normaden

Die Wirtschaftswoche vom 2.7.93 schreibt in einem Arikel von Lothar Schnitzler über die zukünftige Arbeitswelt: Fünf Uhr morgens. Noch vor dem Duschen wirft Rüdiger Jansen, 47 einen flüchtigen Blick auf seinen Monitor, lacht über die Feriengrüße eines Kollegen und freut sich, daß sonst keine Nachricht aus der Zentrale der Translog-Gruppe eingetroffen ist. Nach Dusche und Frühstück wird er ein paar Stunden in Ruhe an seinem Programm zur Minimierung von Sicherheitsabständen im führerlosen Bahnverkehr arbeiten und dann an der wöchentlichen Konferenz im nahen Satellitenbüro teilnehmen können. Beim letzten Mal hatte sich der Ingenieur für Transportsysteme nur ganz kurz per Bildtelefon in die Besprechung eingeblendet, da er auf einem Virtual-Reality-Kongreß über Novalinga, die neue leicht zu erlernende, computergenerierte Sprache, referierte.

Die Einrichtung des nahen Satellitenbüros war für Jansen eine große Erleichterung. Bis dahin hatte er zweimal pro Woche zur Firmenzentrale fahren müssen und an den übrigen Tagen zu Hause gearbeitet. Auch wenn er im fahrerlosen Metro-Mover in aller Ruhe an seinem sprechfähigen Taschencomputer arbeiten und jederzeit über Funk die Zentrale oder das Workcenter ansteuern kann, erspart er sich lieber die lange Fahrt. Jetzt können auch größere Probleme im Satellitenbüro gelöst werden. Dort stehen ihm und seinen Kollegen Multidisplay, 3 D-Leinwand, Virtual Reality und bei größeren Datenmengen Lichtcomputer zur Verfügung. Einmal in der Woche arbeitet Jansen meist einen Vormittag zu

Hause; seine Frau ist dann in der Zentrale des Einzelhandels-Con-
sulters, für den sie freiberuflich Multimedia- und Virtual-Reality-
Programme für Fernkäufer aktualisiert, die Tochter in einem der
wenigen Präsenzseminare im Studienzentrum in Potsdam. An normalen Tagen studiert sie zu Hause: Der Multimedia-Bildschirm
macht es mit sekundenschnellem Zugriff auf sämtliche Texte, Stichworte, Vorlesungsfilme und Videokonferenzen möglich. Als an-
gehende Informatik-Linguistin versucht sie zur Zeit mit zwei Kom-
militonen aus Dublin und Nanking die Schwachstellen des neuen
Übersetzungsprogramms Chinesisch-Deutsch zu knacken.

Das Szenario von Phantasien? Keineswegs. So, oder doch so ähnlich, wird die Arbeitswelt in einigen Jahrzehnten aussehen. Schon
jetzt unterliegt sie einem dramatischen Wandel, der sich in den
nächsten Jahren weiter beschleunigen wird. Kaum eine der alt-
vertrauten Institutionen oder Routinen wird die Anfangsjahre des
neuen Jahrtausends überleben. Das starre System der Arbeits-
verträge verschwindet ebenso wie die traditionellen Produkti-
onsstätten oder Bürokomplexe, zu denen die Arbeiter und Angestellten noch heute allmorgentlich pilgern. Überkommene Hierarchien werden gesprengt und durch neue Arbeitsmethoden ab-
gelöst. Die vertraute Blaumann/Weiße- Kragen-Grenze zwischen
Arbeitern und Angestellten hat sich ebenso überlebt wie quasi-
militärische Organsiationsformen. An die Stelle streng hierarchisch aufgebauter Unternehmen treten flexiblere Gebilde mit zum
Teil ultraflachen oder spinnwebartigen Strukturen, bei denen Kontrolle klein- und Selbstverantwortung großgeschrieben wird.

Die Futurologen sind sich einig darüber, daß monolithische Fir-
menriesen wie IBM oder General Motors im neuen Jahrtausend
keine Überlebenschance mehr haben. „Die aktuelle Hitliste der 500
Größten ist Schnee von gestern" , schätzt Management-Guru Tom
Peters die Chancen der Riesen ein. „Wir erleben eine Zeit des Umbruchs zur postkapitalistischen Gesellschaft" , so der Altmeister
der Managementlehre Peter Drucker. Und was kommt danach?

An der Schwelle zum kommenden Jahrtausend übernimmt eine
neue Klasse das Ruder in der Gesellschaft – statt in Maschinen investieren die Unternehmen lieber in Köpfe – das verspricht mehr

Rendite. Die Arbeit der Zukunft findet nur noch im Ausnahmefall
in lauten Maschinenhallen statt. Schon jetzt, so stellt James Quinn,
die neue Koryphäe unter den amerikanischen Zukunftsdeutern,
fest, enthält ein ganz normales Industrieprodukt zu mehr als zwei
Drittel Dienstleistungen wie Forschung und Entwicklung, Marketing oder Logistik. Künftig, so der Professor der berühmten Amos
Tuck School in Hanover/New Hampshire, werden sich Unternehmen radikal auf ihre Kernkompetenz beschränken müssen.

Nike und Apple sind Vorläufer eines radikalen Umbruchs. Im ersten Jahrzehnt des nächsten Jahrhunderts wird die Firmenland-
schaft von Allianzen geprägt, die sich wie Satelliten um die jeweiligen Kundenaufträge bewegen. Zunehmen wird die Zahl der
Klein- und Kleinstunternehmer mit wenig Kapital und viel Wissen. Dazu gesellen sich kurzlebige Kleinfirmen, die auf Weisung
des Kunden oder des Konsortienführers gegründet und nach Erfüllung des Auftrages wieder aufgelöst werden. Beschleunigen
wird sich vor allem die Tendenz zum Subunternehmer. Die Zusammenarbeit zwischen ihnen, dem Hauptauftraggeber und den
Kunden ist kein Problem, da alle Akteure – vom Rohstofflieferan-
ten bis zum End-abnehmer – untereinander vernetzt sind.

Datenautobahnen, Gigaspeicher, Sprachverarbeitung und hoch-
auflösende Bildschirme werden schon in den nächsten Jahren das
Papier als Informationsträger endgültig ablösen und Gespräche
von Bildschirm zu Bildschirm mit reibungslosem Einspielen von
Dokumenten zur Alltagsroutine machen. Bei dem dänischen Hör-
geräte-Hersteller Oticon dürfen die Mitarbeiter in ihrem Rollcon-
tainer maximal noch zehn Hängeregister aufbewahren. Bis auf
wenige Ausnahmen wird die eingehende Post gleich in der Post-
stelle elektronisch eingelesen – das Papier wandert dann in den
Reißwolf. Deshalb brauchen die Angestellten auch keine festen
Büros mehr, sondern suchen sich je nach Bedarf einen neuen Bild-
schirmarbeitsplatz. Das klassische Unternehmen als Organisati-
onsform, wo sich Mitarbeiter zu festen Zeiten an einem Ort ver-
sammeln müssen, hat ausgedient.

Verschwinden wird zumindest das mittlere Management; es wird
weder als Informationsträger noch als Garant für Arbeitsdisziplin

länger gebraucht. Schon heute arbeiten Arbeiter und Angestellte vielfach in Kleingruppen, die sich selbst kontrollieren und die Teamleiter aus ihrer Mitte wählen. Mangelnde Motivation ist kein Thema in diesen Gruppen.

Was zählt, sind Leistung und Ertrag – jede Gruppe wird zum kleinen Profit-Center, zu einer Firma in der Firma. Die Gruppen arbeiten marktbewußt und setzen alles daran, im Unternehmen die Rolle eines Goldesels zu übernehmen. Gute Zeiten für Hochleister. Drückeberger oder Leistungsschwache werden es dagegen schwerer haben, wenn der Beitrag eines jeden einzelnen von den Kollegen am Monitor abgelesen werden kann. „Am Arbeitsplatz 2000 werden Kollegen Kollegen anheuern, und wenn es sein muß, auch feuern", malen die Zukunftsforscher Joseph H. Boyett und Henry P. Conn aus Atlanta/Georgia das Szenario der entfesselten Leistungsgesellschaft aus.

Personalverwaltung und Linienmanager haben, soweit sie noch existieren, dann nur noch geringe Einspruchs- oder Vorschlagsrechte. Ohnehin dürfte der Manager im Unternehmen der Zukunft nur noch die Rolle eines internen Beraters und Coaches spielen. Die Autonomie der Mitarbeiter und der jederzeitige Zugriff auf Informationen machen unendlich flache Strukturen möglich.

In seinem futurologischen Essay „Millenui" bezeichnet der französische Vielschreiber und Ex-Präsidentenberater Jacques Attali den postkapitalistischen Homo sapiens als „nomadische Existenz", die überall erreichbar ist. Der moderne Nomade werde unentwegt arbeiten, weil die natürliche Aufteilung von Tag und Nacht, von Anwesenheit und Abwesenheit abgeschafft sein wird. Attali: „Zum ersten Mal in der Geschichte hat der Mensch keine Adresse mehr."

Die digitale Apokalypse

Joachim Neander beschreibt am 6.4.95 in der „Welt" Auswirkungen und Einschätzungen der Informatik-Entwicklung wie folgt: Den Ahnungsvollen und Endzeitlern unter uns entstehen immer neue Möglichkeiten, sich den nahen Weltuntergang vorzustellen. Neben Atomkrieg, Supergau, Geburtenexplosion und Klimakatastrophe tritt jetzt häufig auch das Bild von der Menschheit, die in einer voll digitalisierten Welt der Multimedien in der Sturmflut der Daten, Signale und Bilder eines Tages sitzend und on-line ertrinken werde.

Wer als Laie die digitale Apokalyse sozusagen probeweise über sich hereinbrechen läßt, indem er Fachtagungen zu diesem Thema besucht, wird freilich feststellen, daß das Untergangszenario hier sehr viel komplizierter ist als bei der Konkurrenz. Entwicklungstendenzen und Rechenmodelle stecken voller Widersprüche. Eine rasend voranschreitende Technik wartet, wenn sie von Zeit zu Zeit innehält und um sich schaut, immer noch ein wenig ratlos darauf, was sich mit ihr wirklich ereignen wird.

Dem Laien fällt zunächst auf, wie gelassen und nüchtern, ganz ohne Hysterie oder Rausch, die meisten Experten unter sich darüber reden. Es kommt gar nicht so sehr darauf an, ob das sogenannte Multimedia-Zeitalter schon in zwanzig Jahren oder (wie der Freizeitforscher Opaschewski meint) erst in der zweiten Hälfte des 21. Jahrhunderts anbricht. Unbestritten scheint, daß irgendwann nicht nur wenige, sondern große Teile der Bevölkerung in der Lage sein werden, von einem Terminal, zusammengesetzt aus TV-Gerät und Personal-Computer, mit Topset und auf Tausenden von Fernseh- und Informationskanälen den größten Teil ihrer Erwerbstätigkeit, Bildung, Information, Kommunikation und Unterhaltung von einem Platz aus zu bewerkstelligen.

Aber da stellen sich schon die Widersprüche ein. Die Sache wird teuer sein: bis zu 8000 Mark Anschaffungs- und monatlich 100 bis 200 Mark Folgekosten. Wer wird sie aufbringen können, aufbringen wollen? Auch das oft gemalte Horrorbild vom Sesselmenschen, der sich in rülpsendem Halbschlaf so lange zwischen Hunderten von TV-Programmen hin- und herzappen werde, bis ihm die Fernbedienung aus der Hand rutscht, stimmt offenbar nicht.

Die bewußte Teilhabe an den vielen neuen Möglichkeiten wird einen höchst aktiven, wachen, entscheidungsfreudigen Menschentyp verlangen. Wer sich künftig statt auf den wirklichen auf den Datenautobahnen tummeln will (auch das übrigens ein positiver Nebeneffekt), muß das gerade Gegenteil des unmündig dösenden Nur-noch-Konsumenten sein, vor dem so oft gewarnt wird.

Slogans wie „Jeder sein eigener Journalist" (so formulierte auf den Frankfurter Journalistentagen ein leitender Herr des führenden Chips-Herstellers Intel) oder „Jeder sein eigener Programmdirektor" (wie es wiederholt bei den Mainzer Tagen der Fernsehkritik zu hören war) scheinen freilich fast schon überholt. Gegentendenzen melden sich. Was wird denn in den riesigen Datenbanken enthalten sein, die jedem zur Verfügung stehen? Wie hätte eine Dateiauskunft über die Lage des Ostblocks im Jahre 1985 ausgesehen? Vermutlich hätte sie nichts von einem Zusammenbruch enthalten.

Der deutlichen Individualisierung der Bedürfnisse und Zugangswege auf der einen könnte eine weltweit immer trivialer werdende Gleichförmigkeit des Informations-und Unterhaltungsangebots auf der anderen Seite gegenübertreten. Hans Magnus Enzensberger hat gesagt: „Alle reden von Massenkommunikation, aber nur wenige haben etwas mitzuteilen."

Hinzu kommen die geradezu atemberaubenden Möglichkeiten der Manipulation. In Mainz wurde ohne Gegenrede behauptet, es sei schon jetzt möglich, aus Archivbildern mit Hilfe des Computers vollkommen realistisch den Mord von O.J.Simpson an seiner Frau in Szene zu setzen und ihn dem Publikum in vollendeter Täuschung als zufällig aufgefundenes, bei der Tat gedrehtes Video vorzuführen. Der von einigen Machern der öffentlich-rechtlichen Rundfunkanstalten vorgeschlagene Ausweg, dann müsse man eben „die Frage der Glaubwürdigkeit von der Nachricht und dem Bild

auf ihre Überbringer verlagern", erscheint da als etwas unbehol-
fener Versuch, ihren (untereinander übrigens sehr unterschiedlichen) Glaubwürdigkeitsvorsprung gegenüber den Privatsendern
ins digitale Zeitalter hineinzuretten. Das allgemeine Mißtrauen
der Menschen wird vermutlich wenig danach fragen.

Dem staunenden Laien kommt es überhaupt so vor, als stelle sich
der Mensch in dieser voll digitalisierten Welt der Bilder und Daten für die Optimisten wie für die Weltuntergangspropheten nur
noch als ein Datenspeicher dar, auf dem sämtliche vorhandenen
Daten oder Programme zugunsten neuer gelöscht werden sollten
oder könnten. Aber es ist sehr die Frage, ob da die Funktion der
Löschtaste nicht überschätzt wird.

Der homo sapiens ist eben doch ein merkwürdiges Geschöpf. Vieles läuft bei ihm durcheinander. Man weiß zum Beispiel, daß die
Mehrzahl aller Videorecorder bei ihren Erwerbern immer noch
fast nutzlos herumstehen, weil Fähigkeit und/oder Lust zum Programmieren fehlen. Die Zahl der in Deutschland an den Mann/die
Frau gebrachten Schachcomputer übersteigt die Zahl derer, die
einigermaßen regelmäßig und erträglich Schach spielen, etwa um
das Zehnfache.

So fällt das Prophezeien sehr schwer. Es wird wahrscheinlich be-
geisterte, fähige, kreative oder auch verhaltensgestörte Dauer-
nutzer geben. Es wird die Bequemen oder Unbedarften geben, die
weiterhin sitzend mit allem versorgt (Grundversorgung) werden
wollen. Und es wird in dieser neuen Dreiklassengesellschaft auch
die Daten- und Bilderverweigerer, die Off-Line-Menschen, geben.
Noch weiß niemand, wie sie sich zusammenraufen werden.

Aufforderung zur Diskussion

Dieses Buch versteht sich als Bestandsaufnahme und Wissensvermittlung zum Thema der persönlichen computerunterstützten Informationsverarbeitung. Es will Wege zur sinnvollen, humanen Computernutzung aufzeigen.

Es wird nun darauf ankommen, die Ideen und Vorschläge aufzugreifen, in geeigneter Weise umzusetzen und individuelle Erfahrungen zu sammeln.

Die Software-Industrie wird aufgefordert, Produkte zu entwickeln, die von Privatpersonen bausteinartig zu persönlichen Systemen zusammengesetzt und genutzt werden können. Alles ist vom Menschen aus zu betrachten und zu entwickeln. Wir alle sind keine Be-Diener der Computer, sondern wollen uns als Bediente fühlen.

Gerne steht der Autor als Informationsdrehscheibe und Berater für die weitere Entwicklung und Diskussion des Themas zur Verfügung.

Autor

Norbert Dähne
Er war nach seinem Informatik/Mathematik-Studium bei mehreren Unternehmen der Verkehrs- und Touristikbranche tätig. Bereits Anfang der 80er Jahre hat er PC-Software für persönliche Finanzanalysen entwickelt und vermarktet. Seit 1987 ist er als Berater und Manager bei CSC Ploenzke tätig. Seine jahrelangen Erfahrungen mit der Computernutzung in Unternehmen, von Menschen und bei sich selbst hat er nun in diesem Buch zusammengetragen und in ein Konzept für die persönliche computergestützte Informationsverarbeitung umgesetzt.

Für Ihre Anregungen, Anmerkungen und Notizen:

Für Ihre Anregungen, Anmerkungen und Notizen:

Gabler Management Broschur:
bisher erschienen

Brigitte Hommerich/Manfred Maus/Utho Creusen:
Wieviel Management braucht der Mensch
Abschied vom Machbarkeitswahn
1995, 142 Seiten, Brosch., ISBN 3-409-18778-2

Überall sonst sind die Menschen „mündig" geworden und nutzen ihre Chance, mitzubestimmen, mitzugestalten, statt sich etablierten Autoritäten unterzuordnen. Die Autoren wollen dazu motivieren, Empowerment im Sinne einer systematischen Ermächtigung von Mitarbeitern anzupacken und zu leben.

Harald Münzberg:
Den Kundennutzen managen
So beschreiten Sie den Weg zur Wertschöpfungskette
1995, 208 Seiten, Brosch., ISBN 3-409-18840-1

Die Herausforderung der nächsten Jahre liegt darin, nicht mehr nur Produkte zu fertigen, sondern Kunden-Nutzen zu produzieren. Das Konzept des Kunden-Nutzen-Managements ist dabei eine Vorwärtsstrategie, um gemeinsam mit dem Kunden und weiteren Partnern in der Wertschöpfungskette die notwendige Marktpräsenz sicherzustellen. Das Buch will Anregungen zur Neuausrichtung der Marktbearbeitung geben – es will aber auch provozieren, um Denkgewohnheiten zu durchbrechen.

Stefan Skirl/Ulrich Schwalb (Hrsg.):
Vorsprung durch Einmaligkeit
Bausteine und Wege zum Erfolgsprogramm
1995, 208 Seiten, Brosch., ISBN 3-409-18841-X

Das Buch entwickelt Bausteine und zeigt Wege zur Einmaligkeit und Spitzenleistung. Modul 1: Lassen Sie sich begeistern von außergewöhnlichen Persönlichkeiten. Modul 2: Von Winnern lernen – Was die Einmaligen anders machen. Modul 3: Bausteine zur Einmaligkeit – Wege in eine erfolgreiche Zukunft.

Gabler Management Broschur:
bisher erschienen

Lutz Becker/Andreas Lukas (Hrsg.):
Effizienz im Marketing
Marketingprozesse optimieren
statt Leistungspotentiale vergeuden
1994, 240 Seiten, Brosch., ISBN 3-409-18775-8

Viele Unternehmen übersehen, daß die eigenen Leistungspotentiale bei weitem nicht ausgeschöpft sind. Die Autoren stellen praktikable Methoden und Werkzeuge vor, mit denen Prozesse des Marketing unter Effizienzkriterien erfolgreich gesteuert werden können.

Dana Schuppert/Andreas Lukas:
Signale zum Aufbruch
Was Manager der Zukunft auszeichnet
1994, 176 Seiten, Brosch., ISBN 3-409-18774-X

Die Zeichen der Zeit stehen auf Umbruch. Überkommene Strukturen der Hierarchie lösen sich auf. Der Taylorismus hat abgewirtschaftet. Viele Unternehmen sind aber immer noch streng hierarchisch organisiert. Veränderungen wachsen aus neuen Verbindungen, aus dem Blick in andere Disziplinen. Das Buch zeigt Wege auf, wie Aufgaben ganzheitlich und interdisziplinär angegangen werden können.

Jan Mees/Stefan Oefner-Py/Karl-Otto Sünnemann:
Projektmanagement in neuen Dimensionen
Das Helogramm zum Erfolg
2. Auflage 1995, 233 Seiten, Brosch., ISBN 3-409-28726-4

Das Buch bietet eine brauchbare Anleitung für erfolgreiches Projektmanagement. Es wurde innerhalb kurzer Zeit zu einem hilfreichen Leitfaden für viele, die an Projekten arbeiten. Die Betrachtung von Projekten als Ganzes und die Zerlegung in sinnvolle Teilaspekte hat sich in der Praxis als sehr wirkungsvoll erwiesen.